U0127340

#冷思考

社群時代狂潮下，
我們如何在衝突中
活出自己，與他者共存

亞倫·傑考布斯 Alan Jacobs 著　　吳妍儀 譯

HOW TO THINK:

A Survival Guide For A World At Odds

獻給貝勒大學榮譽學院的學生與同事

目次

導論

「思考」這件事，需要好好想一想……

為什麼我們這麼不善於思考？

「你到底在想什麼啊？」每當我們發現某人的行爲難以解釋，想像不出是什麼樣的思路可能導致他們說出剛才說的話、做出剛才做的事，我們就會這麼問。雖然還不到氣急敗壞的地步，卻仍不禁暗自納悶這些親朋好友怎麼會有這麼古怪的想法。甚至，在人生中罕有的寧靜時刻，我們可能偶爾會問自己怎麼會這樣想——爲什麼自己是用這樣的方式思考。

這類事情讓我覺得既有趣也很重要。關於健康與疾病、正義與不義、性與宗教的種種問題，一直衝擊著我們個人與社會，既然如此，若能更了解「好好思考」意味著什麼，我們不就都能因此獲益嗎？所以，這些年以來，我讀了許多關於思考的書。它們提出各式各樣、有時彼此極不相容的思維模型，但也都具有一個共同的特徵：讀起來眞的很致鬱。

這些書很致鬱，因爲儘管它們在其他方面都看法分歧，對於思維可能犯錯的方式，卻提出了詳細又廣泛到嚇死人的長長清單，指出我們可以有無限多種不同路線，奔向那條看似無可避免的死巷：完全搞錯。而且，這些通往錯誤的道路還有名字！錨定效應（anchoring）、可用性疊加效應（availability cascades）、確認偏誤（confirmation bias）、鄧寧—克魯格效應（Dunning-Kruger effect）、稟賦效應（endowment effect）、框架效應（framing effect）、群體歸因偏誤（group attribution errors）、光環效應（halo effect）、內團體與外團體同質性偏誤（ingroup and outgroup homogeneity biases）、新詞錯覺（recency illusions）……這只是其中一小撮，但即便如此，這清單多驚人啊。好厲害的無能、傲慢、愚蠢全紀錄。有這麼多的事，以這麼多種不同的方式出錯，對個人與社會造成多麼毀滅性的後果。更糟的是，那些相信自己思慮無懈可擊之人，到頭來其實是智慧和見識的頭號大敵。[1]

所以，鑽研這些書時，讓我覺得對我（還有我們所有人）來說，最重要的就是對於思考的好與壞、理性與謬誤，有紮實的理解——閃避「錯誤」，擁抱「正確」。但心理偏誤的種類感覺多如天上的繁星，讓我被這番研究搞得暈頭轉向。一陣子後，我不禁自問：這些人到底在說什麼啊？追根究底，**到底什麼「是」思考？**

思考就像買車

想像你跟你的伴侶想買車。你不是那種純粹的衝動型購物者，所以不會光看外表作選擇（當然啦，除非那輛車醜到爆，你連坐在裡面被人看到都覺得可恥）。你知道有許多重要條件要考量，你也設法要記住它們全部，例如里程油耗量、可靠性、舒適度、置物空間、座椅、音響系統等等。我們需要GPS這一類額外配備嗎？你可能會這麼問。加裝額外配備要加多少錢？

列一張檢查表會有幫助，但它不會告訴你哪些項目應該優先、哪些可以壓後。也許你覺得舒適基本上比省油重要，但萬一這輛車根本是吸油怪獸呢？買賣有可能

1 本書從頭到尾，會一直提到某些像這樣列出思考偏誤的書。最重要的一本是丹尼爾．康納曼（Daniel Kahneman）的《快思慢想》（*Thinking, Fast and Slow*, Farrar, Straus and Giroux, 2011，中譯本：天下文化，2012）。我也會引用強納森．海德特（Jonathan Haidt）的《象與騎象人》（*The Happiness Hyposthesis: Finding Modern Truth in Ancient Wisdom*, Basic Books, 2005，中譯本：網路與書出版，2007），還有《好人總是自以為是：政治與宗教如何將我們四分五裂》（*The Righteous Mind: Why Good People Are Divided by Politics and Religion*, Pantheon, 2012，中譯本：大塊文化，2015）。同樣有用的書還有丹．艾瑞利（Dan Ariely）的《誰說人是理性的：消費高手與行銷達人都要懂的行為經濟學》（*Predictably Irrational: The Hidden Forces That Shape Our Decisions*, HarperCollins, 2008; 2nd ed., 2012，中譯本：天下文化，2011）。你也可以走捷徑體驗一下徹底的絕望，只要讀讀維基百科上的認知偏誤列表（List of Cognitive Biases）就好。

因爲這一點而不成。

總之，你現在正在二手車展售場裡，而這輛藍色豐田看起來很棒，各大網站對這輛車的評價也都很正面。你檢查過車子，也坐進車裡，確認過自己後腰部位的感覺：下半身感覺都滿好的吧？你試開了一趟，覺得似乎有一點點顛簸，不過這可能是因爲你太在意，反而變得過度敏感，就像童話故事裡那位豌豆公主一樣。你試著將這種可能性也考慮進去。

你反覆進行這套儀式三、四回，終於作出決定。本來你還挺得意的，直到你回到家裡，你的伴侶批評說，最佳的選擇很顯然是你一開始就劃掉的那個(因爲你認爲那輛車醜斃了)，這時你才醒悟：也許你不該企圖獨自作決定。

思考就是這樣：它不是最後的決定本身，而是進入決定、考量與評估過程中的一切。它是檢驗你自己的反應，並衡量你可以掌握的證據。它是盡你所能、用盡你所有的相關感知去掌握事實，也是盡可能小心且負責任地推敲其他可能性。還有，思考也是知道何時不要獨斷獨行，以及你應該找誰幫忙。

預測未來時，必定有隨之而來的不確定性——你不只不知道會發生什麼事，你甚至不知道自己對發生的事會是什麼感覺，不論那是你終於不再介意不舒服的座椅，還是它最後讓你只想開車往懸崖衝去——這表示思考永遠都是一門藝術，而非一門科學（但科學幫得上我們，是我們的朋友）。

我父親幾乎總是百發百中地買到爛車，理由很簡單，因爲他從未眞的好好想過。

他總是靠衝動和直覺行事，而他的衝動和直覺，就像你我一樣，不是非常可靠。但他就是喜歡衝動行事，而我相信他寧願擁有一台爛車，也不想研究買車的事（於是他得償所願）。我總是很氣他這一點，因爲在我看來，買輛像樣的車根本沒那麼難。對，無論你怎麼做，到頭來可能還是弄到爛貨，但只要你夠勤快，就可以大大降低這種可能性。重點在於留心觀察各種機率，並拒絕聽從你的直接衝動——從這方面來看，有點像在玩撲克牌。

問題是，在我們會三思而行的事情裡，買車已經算是比較單純直接的例子了。它包含所有的關鍵元素，但相對而言，沒有政治、社會、宗教之類的爭議與問題那麼複雜。這些議題眞的很讓人迷惑，還會害我們和人生苦海中相遇的其他同胞起衝突。如果我們必須思考的所有事都像買車一樣容易，那我只需要寫篇部落格文章或發幾個推文，就能讓我們全都走上正確的道路——結果我卻是得寫這本書。

思考超速很致命

幾年前，卓越的心理學家丹尼爾・康納曼將他對認知偏誤的畢生研究，歸納成一本叫做《快思慢想》的巨著。這本書接近尾聲的地方，他處理到這個眞正的核心問題：「對於偏誤，我們能做什麼？對於我們自己、我們服務的單位、還有爲我們服務的機構，我們能夠如何改善其中的判斷與決策？」

對於這個問題，他的答覆是：「簡單回答是，如果沒有投入相當多努力，我們達不到多少成效。」呃，沒關係，反正我們都很樂於投入許多努力，淘汰那些扭曲我們思維的偏誤，不是嗎？但康納曼說得越多，狀況看起來越糟。他說，我們的思考工具中，有相當大一部分——讓我們產生立即直覺的那部分——「不是很受教。除了我大半歸功於年齡增長的某些影響以外，我的直覺思考就跟我開始研究這些議題之前一樣，容易過度自信、預測極端，又有規畫偏誤（planning fallacy）。」這番話聽起來不怎麼鼓舞人心。

我認爲我可以勾勒出的畫面，比偉大的康納曼更樂觀一些。這麼說可能有點僭越，但我眞心相信，對於我們的思考問題，仍有一些理解和改善的手段尚未被充分探索。近年來，我們太著重思考的科學，而不夠看重思考的藝術。有些人文主義傳統（當中有一些眞的很古老了），在我們企圖思考「如何思考」、如何讓自己更會思考的時候，能夠幫上忙。

然而，無視康納曼這樣在此領域深入研究並學習的人，是很愚蠢的事。在我剛才引用的段落裡，他談到了「直覺思考」。這是「快」的那種思考。它讓我們得以作出瞬間的判斷，即時解讀眼前的情境，強烈傾向去贊成或反對某些想法。康納曼稱之爲系統一。根據他的說法，還有個系統二負責掌管有意識反省。它會補充系統一的不足之處，偶爾還會加以修正。基本上，我們是靠著系統一的運作過日子，只有在我們注意到有問題、不一致或異常狀況必須處理的時候，系統二才會啓動。另一位研究思考的心理學家強納森．海德特，因此用了另一組不同的詞彙來描述本質上相同的區別：他將直覺思考視爲大象，將有意識的決策視爲騎象人。他的想法是，我們的直覺思考的威力既無遠弗屆又自行其是，但可以靠著一位眞正技巧高超又了解大象性格傾向的騎象人來溫柔地駕馭。這是個充滿希望的畫面，海德特確實也比康納曼更樂觀，認爲人有可能變得更會思考。

本書的大半內容都是關於騎象人而非大象，談系統二而不是系統一。我會從康納曼和海德特這樣的大師，以及其他幾位學者的身上大量取經，但我也會指出，他們並不總是用最有用、最有建設性的方式點出我們在思考上的問題。我會特別以論證指出，當我們認為自己的主要任務是「克服偏誤」時，其實我們是誤入歧途了。就我看來，根本問題最好被描述為一種意志趨向：是一種打定主意避免思考的決心，害苦了我們。想要思考的人相對來說少之又少。思考讓我們很困擾、很疲勞；思考有可能逼我們脫離熟悉、令人安心的習慣；思考可能讓我們的生活變得更複雜；思考可能讓我們與人產生衝突，或者至少讓我們跟自己仰慕、喜愛、追隨的對象之間的關係變得更複雜。所以，誰需要思考呢？

此外，就像康納曼在其書名裡指出的一樣，有意識的思考很慢。熱門專案管理工具Basecamp的開發者傑森・福萊德（Jason Fried）說過一個故事，內容是他出席一場會議的聽講經驗。他不喜歡那場演講，因爲他不同意講者的觀點。演講進行當中，他變得越來越不爽。結束後，他衝向講者表達他的異議。講者聽了之後說：「等個五分鐘再說。」[2]

福萊德嚇了一跳，但他後來明白重點在哪裡了，而且這個重點很有價值。這位講者開講之後沒多久，福萊德其實就沒在聽了。他聽到了某件他無法同意的事，就立刻進入反駁模式（Refutation Mode）——**在反駁模式裡，人是不會傾聽的**。此外，

2 https://signalvnoise.com/posts/3124-give-it-fve-minutes.《好人總是自以為是》（原文p. 81，中譯本p. 115）裡，海德特記載了一個在哈佛大學進行的實驗，受試者被要求對某個特定議題作出道德判斷，但當中某些人要先等兩分鐘，才能提出他們的判斷。這個延遲讓人更能夠辨識出糟糕的論證，而獲准立刻反應的受試者，不會馬上看出這些論證的缺陷。看來在我們思考的時候，每一分鐘都有幫助。

沒有傾聽就沒有思考。進入反駁模式的意思是說，該想的你都已經想過了，不再需要任何進一步的資訊或省思。

講者的這項要求讓福萊德太有感了，後來把「等個五分鐘再說」當成他個人的座右銘。我們其他人也應該採用。不過，在把這句話列爲座右銘之前，我們或許應該好好想想我們的資訊習慣（informational habits）——取得、傳遞與回應資訊的方法（大多數是透過網路）——是如何強烈地在妨礙我們，使我們連那五分鐘都不想花。我所知的社群媒體服務裡，沒有任何一個強制要求使用者在回應前有個「等候期」。雖然Gmail讓你可以設定延遲一段時間再寄信，給你改變心意的機會，決定「不寄信」。不過，系統容許的這個延遲期最多只有三十秒（如果是二十四小時還可能比較有用）。[3]

你是不是覺得我把問題講得太誇張了？又或者，我只是在怪罪社群媒體？有可能。但我一讀到福萊德的小故事，就領悟到自己也經常很想進入反駁模式——而且我對某個議題越是熱中，就越有可能屈服於這種誘惑。我很清楚這種感覺：因爲某人在線上寫的東西而氣到兩手發抖，在鍵盤上游移，準備打出我毀滅性的反擊。有許多推文是我眞心希望可以收回的，也眞的刪掉了許多推文，雖然已經來不及阻止

---

3 一位名叫崔斯坦．哈里斯（Tristan Harris）的谷歌前員工，正在嘗試說服所有的軟體工程師別再這樣利用使用者，不要再從事他所謂的「朝腦幹底部衝刺的競賽」。碧安卡．博斯克（Bianca Bosker）在二〇一六年十一月號《大西洋月刊》（*The Atlantic*）的報導〈暴食制止家〉（The Binge Breaker）裡，引用了哈里斯的話：「你可以說遠離手機是使用者的責任，但這等於否認在螢幕另一頭有上千人的工作就是要破壞我能負起的任何責任。」哈里斯希望這些軟體工程師能接受某種網路版的「希波克拉底誓詞」（醫學倫理誓詞），不去剝削、利用使用者在認知功能上的先天結構。「設計出不以上癮性為基礎的產品，方法有很多。」工程師們到底會不會走上這條比較良善的路線……我個人是不會屏息以待啦。

它們傷害別人的感情，或是破壞我冷靜明智的好名聲。我曾經這麼對自己說，**如果我先前有想過，就不會發文了**。但是我隨波逐流，跟著社群媒體的交流速度走。

也許你很有信心，深信自己不是這樣子。但在你屏除這種可能性時，爲什麼不先等個五分鐘看看？

共識與情緒

可能是巧合，或是共時性（synchronicity）、命運使然，但有些時候，你正在讀的和你需要的之間會出現一種幸運的趨同現象。幾個月前，爲了某個與本書無關的理由，我讀了兩位睿智作家——瑪麗蓮・羅賓遜，以及T・S・艾略特（T. S. Eliot）的文章。當時我正巧在認眞重新評估我的上網時間，尤其是花在社群媒體上的時間。然後，寫這本書的點子開始在我腦袋裡連結起來。

羅賓遜在發表於一九九四年的〈清教徒與假道學〉一文裡，挑戰了許多人對清教徒的輕蔑態度（如今，「清教徒」不過是一種侮辱之詞），並對於他們所想的事、那些思考背後的理由，提出較寬容而準確的說明。下筆時，她突然想到，「我們談論或想起清教徒的方式，在我看來是一種可以用來討論所謂『清教徒主義』這個現象許多重要面向的模型。」也就是說，被我們說成是「清教徒式」的種種特徵——死板、心胸狹窄、愛下判斷——正是大家每次談起清教徒時所展現的特質。[4]

那麼，爲什麼會這樣呢？爲什麼大家對清教徒的態度是這麼的「清教徒」？「答案

4　瑪麗蓮．羅賓遜（Marilynne Robinson），〈清教徒與假道學〉（Puritans and Prigs），收錄在《亞當之死》（*The Death of Adam: Essays on Modern Thought*. Houghton Mifflin Harcourt, 1999）一書，pp. 150–73。

很簡單。」羅賓遜寫道。「這是個絕佳範例，指出我們有一種集體渴望——在缺乏相關知識或訊息的狀況下，去貶抑受人貶抑的事物——藉此得到回饋，也就是共享一種我們自知會得到社會認同的態度，並從中享受到快感。」這意思是說，我們譴責清教徒主義，是因爲我們知道自己交談的對象會共享這種對清教徒的貶抑態度，也會贊同我們喚起這種感受。使用這個詞彙時，它和清教徒的行動、信念所代表的眞相到底有無任何顯著關連性，一點都不重要。在這種狀況下，清教徒一詞不具任何意義，肯定也不符合史實。這個詞彙比較像是進入俱樂部的通關密語。

羅賓遜進一步表示，這種使用方式「讓我們看到，這樣的共識可以多麼有效地封鎖對某個主題的探究」——這有可能是通篇最重要的論點。**一個詞彙越能夠有效讓我得到某個團體的接納，我就越懶得再去檢驗我對這個詞彙的用法從任何一種**

標準來看到底算不算正當。所以，喜歡指控別人「像清教徒一樣」，會認眞地力求盡可能不去理解眞正的清教徒——也就是說，致力於不去思考。

羅賓遜的分析很敏銳，而且考量到這篇文章是在網路變成跨文化現象之前所寫的，更是難能可貴。思考讓人類無法「分享我們自知會得到社會認同的態度」——特別是在網路環境下，靠著「喜歡」、「讚」、「追蹤」和「加好友」，個人的態度要得到社會認可實在容易得多，而且馬上就能得到——既然如此，人爲什麼要思考？

羅賓遜以一席提神醒腦的嚴肅評論來總結她的反省：在這種環境下，「未獲認可的觀點實際上會遭受不被理解的懲罰」。這不是因爲我們生活在人人有心刻意打壓異端的社會裡（雖然從某種程度上說我們是確實如此），「反而只是追求共識的本能過度肥大所造成的後果」。如果你想要思考，你就必須縮減「過度肥大的追求共識本能」。然而，考量到那種本能之強大，親愛的讀者，你非常有可能不想去惹這個麻煩。

那種追求共識的本能，在我們的時代裡更加發揚光大，因爲我們每天都在處理號稱是資訊、卻通常都是廢話的混亂洪流。這不是什麼新鮮事。T．S．艾略特在幾乎一個世紀前寫到一種現象，而他相信那是十九世紀的產物：「在這個時代，有這麼多事要去了解，又有這麼多知識領域以不同的意義來使用相同的字詞，每個人對於一大堆事情又都只了解一點點，以至於對任何人來說，我們到底知不知道自己說出口的話有幾分眞實，都變得越來越困難。」在這樣的環境條件下——讓我用不同字體來強調艾略特的結論——「**在我們不了解或是了解得不夠多的時候，我們傾向總是用情緒來取代思維。**」5

這是另一種看來更加尖銳的想法。與其說它符合發言當時的狀況，不如說是更適合我們這個時代的診斷。而且這個想法跟羅賓遜的分析吻合得讓人心驚。致力於不去了解、不去思考某些事，以便「共享一種我們自知會得到社會認同的態度，並從中享受到快感」的人，在其追求共識的本能得到滿足時，會欣喜若狂——當這種本能受挫時，就會心生憤怒。社會紐結（Social bonding）是透過共同分享的情緒所鞏固，共享的情緒又會滋生社會紐結。這是一個排除反省的回饋循環。羅賓遜與艾略特解釋了許多線上持續不斷的狂亂激憤（agita）。在我看來，離線的生活也越來越相似了。

---

5 T．S．艾略特，〈完美的評論家〉（The Perfect Critic），出自《聖木：論詩藝與評論》（*The Sacred Wood: Essays on Poetry and Criticism*, 1920, pp. 9–10）。請注意，對艾略特來說，問題不在於牽涉到情緒，而在於情緒取代、置換了思維。稍後我們會探究情緒在思維中扮演的重大角色。

隸屬多重社群

任何自稱沒被這些力量影響、形塑的人，幾乎可以確定是在自欺欺人。人類的天生構造，就是無法對社交世界的波折和波動淡然處之。對我們大多數人來說，問題在於我們是否對於隨波逐流還有一丁點的不情願。眞心想要思考的人，必須發展出一些策略來辨識最微妙的社會壓力，對抗來自內團體（ingroup）的牽引，以及對於外團體（outgroup）的厭惡。想要思考的人必須練習保持耐性，還要駕馭恐懼。

我相信我可以幫助想要改善思考的人，但是——在更進一步以前，我得先說——不，這不是因爲我來自學術界。我的學術界同僚，整體而言，也跟教育程度沒那麼高的普通路人一樣，不情願從事眞正的省思。學術界人士一向具有異常嚴重的順應期待問題；你要證明自己配得上學術圈，主要辦法之一就是拿到非常好的成績，而你要是不說些指導教授愛聽的話，你就拿不到非常好的成績。6

所以，我再強調一次：不，學術生活對人的思考沒多大幫助，或至少沒有幫到我推薦的那種「思考」。學術生活幫助人累積一套知識，讓人學習並使用某些經過認可的修辭策略。它需要很好的記性、智性靈活度之類的東西，但學術生活裡沒多少事情會要求你質疑自己的衝動反應——即使你的學術生涯就是在研究衝動反應也一樣，如同前面康納曼所說的。

然而，身爲老師，那就是另一回事了。我在大學教書已經三十年以上，整體而言，

6 正如傑夫．史密特（Jeff Schmidt）在《被規訓的心靈》（*Disciplined Minds*, Rowman & Littlefield, 2001）裡所寫的，學術圈和其他的高階專業圈，都很擅長維持該階級裡的「意識形態規訓」，而那些在學術界有所成就之人通常具有「易受指使的好奇心」（assignable curiosity），意思是說他們很順從——他們感興趣的事，就是別人要他們感興趣的。

大學教育就是個絕佳的思考實驗室。我的大多數學生都知道自己相信什麼，也想爲其辯護，但他們也明白自己還有很多要學（世人普遍以爲，大學生是一群自以爲無所不知、其實是朽木不可雕的傲慢屁孩——這和我的教學經驗有相當大出入。我知道有這種人，但不常見，而且現在這種人不會比我剛入行的時候還來得多）。向學生們證明他們的信念不必然是錯的，只是他們沒能好好爲其辯護、沒有了解自己最根本的邏輯、沒有掌握到向「可疑的他者」推薦自身觀點時怎麼做會最好，是非常值回票價的事。[7]我估計我至今大概批改過一萬五千篇的學生作業，應該有資格說我見識過怎麼正確論證和論證出錯的所有方式。

這種長期累積的經驗，在思考「思考」這件事之上確實很寶貴。更加寶貴的是我參與過各種社群，而這些社群經常彼此意見不同。我是個學者，卻也是個基督徒。

聽到學者談論基督徒的時候，我的典型感想是：不是這樣的，我不相信你了解那些你自認爲不同意的人。而當我聽到基督徒談論學者的時候，也有完全一樣的想法。我花了幾十年注意這些非常普遍的誤解，設法搞清楚它們是怎麼產生的，並尋求辨法來糾正這些錯誤。

7 這裡可能適合一提此事：我是在教大一新生寫作課的時候，頭一次思考「思考」這件事。我教這門課已有大約二十年，後來在教學上大大仰賴《諾頓讀本》(*Norton Reader*)。這是一本旨在幫助這些年輕寫作者的文選，多年來已有過多次改版，而我在第三版的時候開始使用它來教學。在我寫下這段話的時候，它已經出到第十四版（等你讀到這段話時，說不定已經出到二十幾版了）。剛開始教學的那幾年，我最倚重的文章有威廉·高汀的〈拿思考當嗜好〉(Thinking as a Hobby)、安妮·狄勒（Annie Dillard）的〈看見〉(Seeing，從《汀克溪畔的朝聖者》中選出的片段)、小威廉·G·派瑞（William G. Perry, Jr.）的〈考試技巧與人文教育〉(Examsmanship and the Liberal Arts)，它們在這數十年時間裡都已被換下，但歐威爾的〈政治與英國語言〉(Politics and English Language) 還在。跟我的學生一起讀這些文章、試圖讓他們把這些作家的洞見應用在他們自己的作品裡，以及此一嘗試從未成功的過程——這些都是我在思考方面的最佳教育。主編這本書的那些編輯，費心編選了如此豐富的文章，對此我始終感念在心。

三十年前，人類學家蘇珊・佛蘭德・哈定（Susan Friend Harding）開始認眞研究美國基督教的基要主義派（Fundamentalism）。這個研究最後成就了一份卓越的報導：《傑瑞・法威爾之書：基要主義派的語言與政治》。然後她發現，她的同僚對她的研究興趣非常不解：怎麼會有人想要研究一群如此怪異又顯然不討喜的人？哈定寫道：「實際上，一直不斷有人問我：妳現在是或曾經是『重生的基督徒』嗎？」[8]相信有許多讀者可以看出哈定在狡黠地呼應一九五〇年代眾議院非美活動調查委員會（Un-American Activities Committee）問過數百人的那個問題：「你現在是或曾經是共產黨員嗎？」[9]

一九九一年，哈定針對這個現象出版了一篇力道強勁的論文。她提問，人類學家不是本來就應該對跟自己不同的文化結構與習俗感興趣嗎？那麼，當這種「不同」

就在你家隔壁、可以跟你一起在同一場選舉裡投票，爲什麼有這麼多的人類學家排斥研究它？哈定的論文標題是〈再現基要主義派：「令人反感的文化他者」問題〉。我們在接下來的內容裡，將會有理由使用「**令人反感的文化他者**」（Repugnant Cultural Other）一詞。事實上，這個詞彙出現的次數頻繁到最好給它一個首字母略稱：

---

8 譯注：重生的基督徒（Born-again Christian），是福音教派基督徒、基要派基督徒經常用來自稱的俗稱。「福音教派基督徒」（Evangelical Christian）在美國通常用以指稱那些強調個人「屬靈經驗」重要性的新教基督徒，立場在基督徒當中較為保守，「基要派基督徒」（Fundamentalist Christian）則通常是福音教派基督徒當中立場最激進的一群。

9 蘇珊．佛蘭德．哈定（Susan Friend Harding），《傑瑞．法威爾之書：基要主義派的語言與政治》（*The Book of Jerry Falwell: Fundamentalist Language and Politics*, Princeton University Press, 2000）。接下來的段落裡，我引用的論文出自於〈再現基要主義派：「令人反感的文化他者」問題〉（Representing Fundamentalism: The Problem of the Repugnant Cultural Other, Social Research 58, no. 2 Summer 1991〕：373–93）。

RCO。

正如我先前所暗示的，如果基要主義派或福音教派基督徒對於世俗的學界人士來說，很容易被當成RCO，反過來說也一樣。從我成年以來，一直在這種互相猜疑之中努力向前航行。如今，我生活中的政治環境，整體來說，已經承襲了過去我在那些彼此敵對的較小型社群裡經常看到的可悲特徵：刻意的不求甚解、有毒性的疑心。現在每個人似乎都有個RCO，而每個人的RCO都在社群媒體上的某處。我們也許能夠躲開、不去傾聽我們的RCO，但我們都必須面對這個領悟：他或她就在那裡，可能就在兩個房間之外向我們叫囂著。

這種狀況極端不健康，因爲它妨礙我們去體認其他人是我們的同胞——甚至當他們是我們名符其實的鄰人時也一樣。「那邊那個人既是個他者，又令人反感」，如果我滿腦子都在想著這種事，可能永遠不會發覺我最愛的電視節目也是他的最愛；我們喜歡的書有些是一樣的，雖然理由不盡然相同；我們都知道照顧長期臥病的心愛之人是什麼感覺……這一切都表示，我可能太容易就忘記政治、社會與宗教差異並非人類經驗的全部。RCO冰冷的分裂邏輯讓我們所有人變得貧乏，使我們更接近政治哲學家湯瑪斯．霍布斯（Thomas Hobbes）所說的那種「每個人對抗每個人」的原始狀態。

我們可以做得更好。我們應該做得更好。我也相信我幫得上忙，這有部分要歸功於我在互相敵對的社群之間調停多年的經驗。我知道要跟在某些方面迥異於我的人爲共同的理想而奮鬥是什麼感覺；我知道這樣的經驗能夠怎麼擴展我對世界的了解；我知道它們能夠如何逼使我去對抗我狹隘的視野，以及我簡化思考過程（有時根本想都不想）的傾向。還有，在此要向康納曼致歉，我是真心相信我這些年來在思考方面有長足的進步，而且我不想獨善其身。

迂迴勝於直接

接下來在本書中所談的，有許多只是診斷性質，也有很好的理由如此。許多年前，我有過一次胸痛的經驗，好幾個醫生都沒辦法確定問題出在哪裡。我規律運動，心臟似乎也很健康，沒什麼地方明顯不對勁。但那種痛一直反覆發作，把我嚇壞了。最後，有個醫生進一步追究，發現我在胸痛開始之前，有過拖很久的嚴重咳嗽問題。看來那陣子的咳嗽拉傷了我胸部的一條肌肉，胸痛的來源就在這裡，而我開始擔憂這種痛楚之後導致的焦慮又使得肌肉更緊張，因此加強了痛楚，然後又讓我更焦慮。

這是典型的惡性循環強化。當我問醫生他覺得哪種療法最好，他回答：「診斷本身就是治療。現在你知道你沒有危及生命的疾病，你就不會那麼擔心，心裡的壓力減輕，意思是胸部肌肉的壓力也會比較少，於是這些肌肉就有機會痊癒了。」

同樣的道理，儘管我會在接下來的篇章提供積極的處方，但事實上，光是知道有哪些力量在我們身上起作用，使我們逃避眞正進行反省、對自身狀況作精確診斷，就是治療的第一道程序了。

此外，我也很樂意提供你一套恆常不變的指導原則，讓你可以一步步遵循，變成更善於思考的人——但思考不是這樣一回事。我再強調一次，科學是我們的朋友，但思考在本質上是一門藝術，而藝術素有不受規則束縛的「惡名」——不過，我們還是有一些有效的舉措可以遵循，而我會在接下的內容裡介紹它們（說實話，在說明買車這件事的時候，我幾乎已全都暗示在其中了）。總之，不論是誰最先說出「快樂不是我們能夠直接追求的目標，只能靠著專注於其他美好事物來達成」這番話，把它套用到「思考」上也一樣正確。

音樂家布萊安・伊諾（Brian Eno）和藝術家彼得・史密特（Peter Schmidt）在一九七五年創造了一套奇特的工具。那是一組包含獨特指示的卡片：「將錯誤視爲你的潛藏意圖」、「問你的身體」、「改變樂曲的速度」等。這些字卡的用意，是要幫助在工作上碰到瓶頸的藝術家（尤其是音樂家）。伊諾和史密特把他們的牌卡稱爲「迂迴策略卡」（Oblique Strategies），因爲他們知道當藝術家卡住的時候，直接去解決問題，每每無異於提油救火。同樣地，有時候只有把注意力轉向思考以外的事物，你才能更善於思考。所以，接下來的內容，有時是軼事趣聞，有時迂迴纏繞，但最後我們總是會繞回糟糕的思考會採取哪些形式，並發掘可以幫助我們養成更精通此一最棘手藝術的習慣。這不是容易的事——問題有一部分就在於此。不過，我們還是可以辦到。

第一章　開始思考

「一個人思考」是不可能的事：和其他人一思考

幾年前，梅根・菲爾斯—蘿普（Megan Phelps-Roper）決定開始用推特來散播威斯特布路教會的訊息。她是堪薩斯州托比卡的威斯特布路浸信派教會（Westboro Baptist Church，簡稱WBC）的成員。該教會的創辦人是她的外公佛瑞德・菲爾斯（Fred Phelps）。他們傳布的訊息，一言以敝之，就是最常讓人聯想到WBC的那句話：上帝恨甲甲（God Hates Fags），而且早在一九九四年就註冊了godhatesfags.com這個網址。根據陳力宇（Adrian Chen）在《紐約客》雜誌上對菲爾斯—蘿普所做的人物側寫報導，推特是散播這種訊息的完美管道，於是上頭出現了這則典型的菲爾斯—蘿普推文：「感謝上帝賜予世人愛滋病！你們不悔恨自己的違逆帶來祂的憤怒、造成這種無藥可醫的天譴，就期待會有更多更糟的事發生在自己身上吧！」10

但有件事不在菲爾斯—蘿普的預期內：在推特上，會有人回你的推文。當她開始推文給一位名叫大衛・阿比波（David Abitbol）的猶太裔網頁程式設計師——「喔，對了，@jewlicious？你們那些過時、死板的儀式不等於眞正的懺悔。我們知道差別何在。〈啓示錄〉第三章第九節。你們不斷頌揚罪惡，來掩飾醜陋的眞相。」——後者卻回應以一種幽默，一副不知她所爲何來的樣子。阿比波後來表示：「我想讓自己看起來眞的很友善，這樣他們就會很難恨我。」這種反應讓菲爾斯—蘿普始料未及。她後來告訴陳力宇：「我知道他很邪惡，但他很友善，所以我特別戒備，因爲你不想被一個高明的騙子誘拐，偏離了眞理。」

我們可能全都受制於文學評論家蓋瑞・薩爾・摩森（Gary Saul Morson）所說的「後

---

10 陳力宇在二〇一五年十一月二十三日出刊的《紐約客》文章〈取消關注〉（Unfollow）裡，精彩呈現了梅根・菲爾斯—羅浦的故事。我對這個事件的了解，都是來自陳力宇的文章。

見之明」（backshadowing）——「事情發生之後才看出來的預兆」——也就是說，我們都很想相信自己可以藉著回顧過去，找出那個使現狀變得無可避免的轉捩點（「我早該想到事情會變成這樣！」）[11]。但我們很難不這麼想：菲爾斯─蘿普因爲和阿比波產生友善的交流，已經走上將會帶領她離開威斯特布路浸信派教會的道路。她開始回應其他跟阿比波一樣質疑她信仰的人，也發現當中有些人很風趣、有意思，或是和藹可親。她告訴陳力宇：「我開始把他們看成人類了。」而不是當成沒有臉孔的RCO。

不過，菲爾斯─蘿普和阿比波的關係，仍然比其他人都重要（有點諷刺的是，菲爾斯─蘿普到阿比波幫忙組織動員的一個集會外圍舉牌抗議時，他們甚至還見到面）。這個關係後來對菲爾斯─蘿普變得具有決定性，這有大半原因在於阿比波肯費心去了解威斯特布路教會的成員都相信些什麼，以及爲什麼相信。他們認爲同性戀該受到死亡懲罰的觀點是以《聖經》爲基礎，尤其是〈利未記〉第二十章第十三節：「人若與男人苟合，像與女人一樣，他們二人行了可憎的事，總要把他們治死，罪要歸到他們身上。」可是，等一下，阿比波說：在一個女人犯了通姦罪被發現時，耶穌不是說，你們之中「沒有罪的」才能先拿石頭打她？還有，梅根自己的媽媽不就有個私生子，她在法學院求學時的戀愛結晶？這麼一來，不就「總要把她治死」嗎？

菲爾斯—蘿普很清楚標準的威斯特布路派手法，也施展了出來：參加同志驕傲大遊行的男、女同志對自己的罪惡感到驕傲，但她母親已經悔罪了。阿比波則回應

11 蓋瑞．薩爾．摩森（Gary Saul Morson），《敘事與自由：時間的陰影》（*Narrative and Freedom: The Shadows of Time*, Yale University Press, 1994），chap. 6。

她：如果你殺死男、女同志，要他們怎麼悔罪？

菲爾斯－蘿普一時語塞，去問威斯特布路教會的那些領袖，他們也無法回答。菲爾斯－蘿普此時已經領悟到，相信《聖經》並不必然要求她去履行威斯特布路教會大多數成員身體力行的那些敵意行爲（有人質疑她對不信者態度友善時，她就引用〈箴言〉第二十五章第十五節：「恆常忍耐可以勸動君王；柔和的舌頭能折斷骨頭。」）但接下來，阿比波提出了更深刻、更困難的問題。他不是問《聖經》是否爲眞，而是問她的社群是否眞的在所有事務上，都有費事去明辨並遵從他們聲稱的最高權威。

面對這個她個人心靈史上的最大危機，菲爾斯－蘿普的回應很有意思，清楚地說明了問題所在。她採取了兩項行動。首先，她繼續跟其他威斯特布路教會成員去舉牌抗議，但她不再拿寫著「處死甲甲」的標語。其次，她不再跟大衛・阿比波通訊了。

這樣的雙重反應，完美體現了開始思考的人會有的心理狀態。她沒有脫離教會，也沒有停止舉牌抗議，但她在自己心裡畫下一道界線，而這道界線免不了造成影響：對於直至當時爲她整個人生賦予意義的團體，她產生了某種程度的疏離感。

這有助於解釋她爲什麼採取了第二個步驟：跟阿比波斷絕交流。在某個程度上，菲爾斯－蘿普就算不是很有意識，也必然已經知道整件事不太可能止於「處死甲甲」這個議題。如果威斯特布路教會在這件事上是錯的，那他們還有可能弄錯什麼別的？如果到頭來答案是「很多」，結果很可能就是流亡：從她生來所知的唯一世界、她生平體驗過的唯一歸屬中流放出去。於是她關上門，避開她眼中的最大威脅。

但這樣做已經太遲。只要她跟線上各種不同背景的人交流，她還會碰到許許多多其他的門。到最後，梅根・菲爾斯－蘿普的命運就是自我放逐。

思考的風險

關於禁忌的知識，故事有許多各式各樣，但是在我們的時代，比較普遍的一種如下：社群提供安全感俾使你不思想，而這個社群裡有勇氣、敢於思考的成員犧牲了安全感。這就是啓蒙——康德（Immanuel Kant）說啓蒙的號召是「敢於求知！」（Sapere aude!），敢於思考，敢於當一個明智的人——不張揚、有千百種不同方式的版本。今日的經典範例或許是露薏絲・勞瑞（Lois Lowry）的作品《記憶傳授人》（*The Giver*）。它是各地中學教師的最愛，書中有個相當直率的主要隱喻：從主角那個小小世界的單色系統，轉變爲外在世界的特異彩色式多樣性。對於這個主題，我們可以在赫胥黎（Aldous Huxley）的《美麗新世界》裡看到更複雜的處理，書中的主要角色之一勃納德・馬克思（Bernard Marx），看透了他的社會裡使人變笨失能的從眾性，但這不是因爲他很有膽識，而是因爲他個人心理失調。

不過，在我想到梅根・菲爾斯－蘿普的時候——她的故事尚未結束，她對於自己在威斯特布路浸信派教會所受的養成尚未作出最後判決，也可能永遠不會蓋棺論定——我最先聯想到的故事，是娥蘇拉・勒瑰恩（Ursula Le Guin）的短篇小說〈離開奧美拉城的人〉（The Ones Who Walk Away from Omelas）。勒瑰恩告訴我們，有個烏托邦建立在某個單一（卻是永久性的）暴行上，有些人面對那種暴行之後，再也無法住在他們完美的城市裡。但勒瑰恩沒有告訴我們，這些人離開奧美拉城後進入的美麗特異彩色世界是什麼樣的，也沒有寫出任何像赫胥黎筆下那種「野蠻人保留區」的地方。在赫胥黎那個靠藥物驅動的「美麗新世界」裡，保留區是主流社會之外的極端對照。勒瑰恩給我們的反而是以下這個：

他們離開了奧美拉，往前走進黑暗之中，而且沒再回來。他們前往的地方，對我們大多數人來說，甚至比幸福之城還更難想像。我無法描述那個地方。有可能那裡並不存在。但他們似乎知道他們要去哪裡——那些離開奧美拉城的人。12

這個結尾讓我們無法獲得「敢於求知」這類故事帶來的簡單安慰。後者向我們保證，雖然在更廣大的世界裡過的生活偶爾會很辛苦，甚至可能很悲慘，但仍是划算的交易，因為長遠來說，社群的安全感並不眞的是最要緊的事。勒瑰恩讓這種譬喻故事比較常見的形式做了個急轉彎，告訴我們：答案其實不確定喔。去思考，深入自己信念的基礎去挖掘，是一種風險，或甚至可能會有悲慘的結果。這樣做不能保證我們會快樂，甚至不保證我們能得到滿足。

我願意拿成堆的現金來打賭，許多讀者看了陳力宇的梅根・菲爾斯－蘿普側寫報導以後，會對其他人或對自己說：「哇，多棒的故事啊，一個人不再相信別人灌輸她的事情。學會自己思考以後，就是這樣啦。」不過，這裡真正有意思、也很重要的是，事情不盡然如此。梅根・菲爾斯－蘿普並未開始「自己思考」，而是

為什麼「自己思考」是不可能的事

12 收錄在勒瑰恩的小說集《風的十二方位》（*The Wind's Twelve Quarters*, Harper & Row, 1975），pp. 283–84。

開始跟不同的人一起思考。獨立於其他人之外的思考，是不可能的事，而且即便有這種可能性，也不值得追求。思考必然完全是社會性的，而且這樣是很美好的事。你所思考的一切，都是針對其他人思想言論的一種反應。而當有人評論另一個人「自己思考」了，他們通常的意思是「聽起來不再像是我討厭的那種人了，開始比較像是我會贊同的人」。

這一點值得深入想想。我們有多常在別人拒絕我們的主張時，說「他眞的開始自己思考了」？不常吧。在別人偏離我們相信的「眞理之道」時，我們總傾向去尋找帶壞對方的影響力，例如：他被這個或那個蠱惑了；他讀了太多X、聽了太多Y，或是看了太多Z。同樣地，幹我這一行的人總是說，我們想要提倡「批判性思考」——但說眞的，我們只想要學生對他們在家庭和教會裡學到的東西進行批判性思考，而不是他們從我們這裡學到的事。[13]

當我們相信某件事情爲眞，也會傾向認定達成該結論的過程是清楚客觀的，所以這個我們靠自己證成的結論也同樣客觀；而當我們主張某個特定概念爲假，我們會認爲是某個不幸的錯誤轉折造成他人接受那個觀念（通常我們認爲那是因爲探究者遭到誤導，就像漢斯與葛瑞特兄妹差點被邪惡的女巫騙進烤箱裡那樣）。然而，只要

---

13 參見派屈克．鄧寧（Patrick Deneen）的極佳論文：〈關於批判性思考的批判性思考〉（Critical Thinking About Critical Thinking）http://patrickdeneen.blogspot.com/2008/11/thinking-critically-about-critical.html。這裡我要暫且停下來，指出我最不喜歡的修辭慣例之一，就是使用我所謂「假性的我們」（false we）：當有人說「我們必須學著更容忍差異」，意思通常是「你們必須學著容忍差異」。在這個段落裡，我說「我們」學術界人士希望學生只對他們從別人那裡學到的東西持批判態度，而我忍不住要承認，我也跟我的同行們一樣犯了這樣的罪過，所以我必須在那裡使用「我們」。另外，在其他幾個地方，在良心戰勝我對這種說話習慣的厭惡時，我也這麼用了。

稍加省思，都可以向我們證明事情並非如此。**獨立不等於正確，社會化思維不等於錯誤**。

偉大的兒童心理學家皮雅傑（Jean Piaget）——他比較喜歡自稱「發生認識論學家」（genetic epistemologist）——講過一個很棒的故事：有兩個小男孩（他雖沒這麼說，但我認為那是他自己的孩子），在某個月圓的夜晚，年紀較大、約莫四歲的哥哥，帶著弟弟到自家前院的花園去，並命令他來回走動。弟弟乖乖照辦，哥哥則小心地觀察他——以及月亮。「我想看月亮會不會在他走路的時候跟著他。」哥哥這麼解釋。「但月亮沒有跟著他，只跟著我。」[14]

多麼經典的科學心靈運作範例啊！哥哥先形成一個原創的假說，然後設計實驗來驗證這個假說。以他有限的知識來說，這是設計得很漂亮的實驗，還有一個清晰的結果。他的結論錯了一半（月亮沒跟著他弟弟是正確的判斷），但他的結論是眞正的思考產物，也很讓人佩服。相較之下，如果有人告訴這孩子，有個巨人把月亮掛在空中，用它充當一盞大燈來引導他的夜間狩獵，而這孩子也相信了，他就會因此正確地理解到月亮沒有跟著任何人——但此一結論的正確性，並未抹消前提的錯誤。

總之，這一切應該無損於我們讚賞這孩子的獨創性，反而應該會提醒我們：在人生的許多不同時刻下，我們所有人都會出於薄弱的理由去相信眞確的事，也會爲

---

14 尚．皮雅傑（Jean Piaget），《童年的遊戲、夢境與模仿》（*Play, Dreams, and Imitation in Childhood*, Norton, 1962）。

了好理由而相信錯誤的事。而且，不管我們自認知道什麼，無論我們是對是錯，都是從我們跟其他人的互動中產生的。獨立、孤單一人的思考，並不是個選項。

論理性與感受

清除了關於思考的錯誤觀念之後，接著讓我們來對付另一個普遍的錯誤概念：為了好好地思考，一個人必須嚴守理性，而保持理性就得壓抑所有情感。[15]在這裡，看看另一個人的故事會很有幫助。這個人不是我們現代美國的基督徒，而是一位英國哲學家兼虔誠的懷疑論者，他叫做約翰・史都華・彌爾（John Stuart Mill）。

彌爾的自傳詳述了他的父親如何教育他。光是讀到該書的頭幾句話，讀者就可以大略了解這個計畫走的是什麼路線了：「我不記得我幾時開始學希臘文。別人告訴我，那是在我三歲的時候。」[16]詹姆斯・彌爾（James Mill）相信，小孩子有能力學得更多（也更早開始），超出幾乎所有人的想像。他讓他的長子來驗證他的信念，而且在許多方面，這孩子都是個成功的實驗品。畢竟，約翰・彌爾確實青出於藍，成爲比他父親更出名、更有影響力、評價更高的思想家。

約翰・彌爾坦承，這種獨特的成長方式有時候很辛苦。在《自傳》裡，他完全沒提到母親，也沒怎麼提到他的手足，只提到他變成弟弟妹妹的老師。他父親的陰影

---

15 這裡請讓我小小地離題一下：如果你細想這兩種錯誤概念的特色——「自己獨自思考」的價值，以及「在理性行為中抹煞情感」的必要性——就能看出來，我們對於思考的共通理解有多少是來自特定一部作品：笛卡兒的《第一哲學沉思錄》（*Meditations on First Philosophy*, 1641）。在此書中，笛卡兒說到他獨自坐在很熱的廚房裡，手上拿著一張紙，並提出一個問題：他是怎麼知道自己獨自坐在很熱的廚房裡、手上拿著一張紙的？

16 彌爾是在生前最後幾個月寫下他的《自傳》（*Autobiography*），此書於他一八七三年去世之後出版。

似乎遮蔽了幾近所有其他事物。彌爾在一個段落裡做了類似總結的評論：「他與子女的精神性關係裡，最主要的缺陷是欠缺溫情。」他沒有爲此責怪他的父親。「他就像大多數英國人一樣，恥於流露出感情跡象，而且因爲長期缺乏感情的表現，最後把感情本身餓死了。」

不過，年輕時的彌爾本人是怎麼看待在他身上進行的這場實驗呢（某種意義上來說，這實驗本身就是過去的他）？「關於我所受的養成，我舉棋不定，不知道該說我是他嚴格教育之下的輸家還是贏家。」從許多角度來看，詹姆斯．彌爾的實驗仍是個激勵人心的成功例子。他的長子才只有十幾歲時，就成了倫敦知識界的一號人物，而且詹姆斯．彌爾很有理由相信，約翰將會成爲社會改革的一大重要力量。這對父子都相信英國迫切需要社會改革。但就在這個期望快要實現的時候，一八二六年，正值二十歲的彌爾遭遇了他口中「我心靈史上的一個危機」(留神的讀者會注意到,我用了同樣的措辭來形容梅根・菲普斯―蘿普)。彌爾以下面這段話來概述他的這場危機:

我突然有個念頭,暗自問自己:「假設你所有的人生目標都實現了——你期盼達成的所有制度與意見上的改變,都可以在此時此刻完全成真——對你來說,這就是至高無上的喜悅與幸福嗎?」一個無法壓抑的自我意識明確地道出答案:「不會!」我的心為之一沉。奠定我整個人生的地基崩塌了。我的幸福快樂,原本全都建立在對這個目標的持續追求之上。如今這個目標不再有吸引力,那些手段又怎麼可能還有任何意思？我似乎沒剩下什麼理由好活了。

彌爾沒有透露他的崩潰狀態——實際上，他父親就是這麼教導他的（「他就像大多數英國人一樣，恥於流露出感情跡象」）。在彌爾的陳述中，這或許是最令人心碎的一段：「我沒有對別人說出我的感覺、藉此尋求安慰。如果我曾經愛過某個人，愛到令我感覺必須向人傾吐我的心痛，我應該就不會陷入當時的狀態了。」他就這樣子過了好幾個月，行屍走肉般地在東印度公司工作——當然，他在那裡是爲他父親工作——心裡也自問著，不知自己還能在這種狀態下再活多久。「通常我會回答自己，我不認爲有可能撐超過一年。」

隨著時間過去，他設法使自己好轉一些——不是痊癒，不覺得快樂，只是能夠正常行事而已——不再時時刻刻有精神崩潰的危險。然後，某件奇妙的事發生了：一八二八年，他拿起了一本華茲華斯（William Wordsworth）的詩集，於是，這麼長時間以來，他再一次感覺到某種宛如喜悅的感受。而且這份喜悅的影響力之大，重新點燃了他的意志力。

詹姆斯．彌爾全心全意、持續不懈地開發這個兒子的分析與批判能力。在這個計畫中，他看不出詩有任何地位可言，心裡在受苦的彌爾卻發覺了這個擾人的眞理：「若沒有培養其他心性，分析的精神將欠缺前者的自然補充與校正……這種分析的習性會有磨蝕情感的傾向。」而情感的磨蝕，是一種重大而複雜的損失。

獨尊分析的心靈，持續不斷地進行解析、區別、分辨，直到它整個心靈世界支離破碎一地。這樣的心靈要從哪裡取得將這些東西拼回去所需的精力呢？彌爾在他經歷精神崩潰、又從詩歌中重新站起來之後如此寫道：「情感的陶冶，變成我的倫理學與哲學信條中最主要的重點之一。」然而，情感的陶冶實際上有什麼用？它對思考具有什麼功效？

彌爾當時最親近的友人之一，是一位叫做約翰·亞瑟·羅巴克（John Arthur Roebuck）的男士。他是在這些事上和彌爾辯論的主要對象，但不是因爲羅巴克瞧不起詩歌。彌爾說，事實上，「羅巴克愛好詩歌與大多數的精緻藝術。」那麼，他們爭辯的點在哪裡？彌爾說，問題只在於他「永遠沒辦法讓羅巴克明白這些事物在幫助人格的養成上有任何價值」。相反地，羅巴克發現感情擋了他的路。彌爾這麼描述羅巴克：

> 在他眼中，任何陶冶情感的行動都沒多大益處，透過想像來陶冶情感更是毫無任何好處，他認為那只是培養幻覺而已。我力勸他，富想像力的情感——經過創作者生動地構思，而在我們心中激起的某個念頭——並不是幻覺，而是一種事實，和具體物件的任何其他性質一樣真實。但不論我怎麼說，一切只是徒勞。

透過這段引言，我們已經準備好要如何理解彌爾的論證，以及它爲何對本書的小計畫是很重要的。彌爾對情感與想像的辯護，有兩個構成要素。第一是，憑著分析能力來處理一個問題是不夠的——如果你的目標是使世界變成更美好的地方，就更是如此。你反而必須具有某種性格（character），必須是某種類型的人。這種人不但有能力，也傾向於把分析的產物重組爲一種積極的闡述——一種不光是關於思考，同時也是關於情感的結構。當它和思考結合起來，可以產生有意義的行動。

第二個構成要素是：當你的情感得到適當的陶冶，當你生命中的這個部分很強壯健康，則你對這個世界的反應，會恰如其分地呼應世界的眞實面貌。某地的風景之美打動了你，於是你以配得上這種風景的方式加以回應；看到活在赤貧狀態下的人，你的情感從很不一樣的角度被打動，也以這個情境該當的方式加以回應。後者對於像彌爾這種希望成爲社會改革家的人來說，又特別相關。如果你的分析引導你得出「一個富裕國家裡卻有人民苦於貧窮，是不公義的事」這種結論，但你的情感跟不上你的分析，這表示你身上有哪裡出錯了。很有可能發生的是，當適切的情感沒有出現、也沒有激起相應的想像，則你甚至不會費事去分析、去揭露肯定存在的不公不義。**情感如果沒有受到陶冶，分析能力可能根本不會運作**（我們之後還會回來討論這一點）。

所以，對彌爾來說，從人生的終點回顧他青春歲月的苦難時，他無法畫一道界線來切割分析與情感，也無法達成「只有分析才與思考有關」的結論。你必須整個人都投入，所有機能都用上並各司其職，才能使眞正的思考發生。甚至，對彌爾來說，這就是「具有性格」的意思：你所有的組成成份都生氣勃勃，隨時準備好要去感知這個世界——並且對此負起責任，採取行動。

不自覺的陷阱

從哲學跳到籃球，或許看來很奇怪，但這個例子有助我們更了解所謂「講求理性」是什麼意思。最近我聽了麥爾坎・葛拉威爾（Malcolm Gladwell）的播客節目《修正主義歷史》（*Revisionist History*）的某一集，他對人類的不理性感到很訝異：知名籃球選手威爾・張伯倫（Wilt Chamberlain）就展現了這一點。葛拉威爾指出，張伯倫身爲籃球選手有個很大的弱點，就是罰球。葛拉威爾進一步說明，在張伯倫的職業生涯中，只有在他用低手投球的短暫時期裡，他從罰球線投球的命中率才有進步。那麼，爲什麼他要改回用更傳統、卻比較失敗的方式投球呢？張伯倫後來坦誠，用那種方式投球讓他很尷尬，因爲它可能被視爲很娘砲、扭扭捏捏。

葛拉威爾大呼出聲：人可以這麼不理性，眞是超令人震驚！犧牲你職業生涯上的成功，就因爲你怕別人可能怎麼想、怎麼說！然後，一如往常，他接著爲這種奇怪的行爲提供了一個解釋。我覺得這個解釋不是很好，但我們暫且把它先擱在一邊。這裡我想拆解他的主張——張伯倫的行爲是不理性的——因爲它奠基於一個沒經過質疑的假設（許多思考上的錯誤，是起於人在不自覺下所作的假設）。葛拉威爾假定：如果張伯倫曾經理性地思考，他關切的就只會有一件事：工作上的表現。

但那是因爲葛拉威爾（就像我們許多人一樣）似乎已不智地內化了這個想法：當職業運動員做他們拿錢去做的事時，不是根據實際上的必要性而行動（我們其他人是如此），而是在優雅又精力十足地展現他們內心最深處的競爭本能，並且是以一種令他們樂在其中的方式。我們需要相信這一點，因爲我們觀賞職業運動員時，有許多的樂趣是來自我們相信他們很樂在其中（我們也以差不多一樣的方式享受觀賞鳥類飛翔，尤其是大型猛禽。我們把這種飛行跟自由聯想在一起，儘管鳥類其實是出於覓食的必要而飛行——但我們可沒有興趣看我們的同類開車去麥當勞）。

許多職業運動員坦承，雖然他們有時確實在工作上得到很大的滿足，甚至是快樂沒錯，但他們從沒有忘記，這其實是他們的工作。當他們走上各種球場，並非爲了打球本身的喜悅，而是因爲他們要是不這麼做，就拿不到薪水。也就是說，運動員和我們其他人是一樣的：他們在自己的工作裡找到某種程度的價值，但工作絕不是他們唯一在乎的事。我們許多人是爲了休閒而工作。

威爾・張伯倫在閒暇時有個很重要的興趣：征服越多女人越好。他的知名事蹟是在自傳裡宣稱睡過兩萬人，導致許多嫉妒且(或)懷疑的讀者著實認眞計算了一番。葛拉威爾評估張伯倫的罰球方法有多理性時，忽略了這一點。如果你的主要人生目標，是追求性伴侶的數字，那你最好避免做出任何可能降低自己搶手程度的行爲。要是你想接近的某個女人聽到別人說：「我覺得威爾是很棒的球員啦，不過，用那種阿嬤招數投籃不是很娘砲嗎？」結果會怎樣？天知道，或許威爾眞的從他追求的女人口中聽過「娘砲」之類的字眼。這有可能影響他放棄那種比較成功的低手投球方法。

再者，威爾回歸比較「男子氣概」的罰球方法時，他眞正犧牲的是什麼？或許是一場比賽少個幾分吧。但是對比賽結果來說，它只有在少數時候會造成任何影響。況且，不管怎麼說，在威爾使用低手投球來罰球的時候，他是籃球界有史以來最勢不可當的超強球員，而當他回歸傳統的方法，他……依然是籃球界有史以來最勢不可當的超強球員。所以你可以說，他在工作上放棄了微乎其微的東西，是爲了在他更在乎的競技場裡，創造出更多（對他而言）有趣的潛在機會。這種決策可能在道德上有問題，但絕不是不理性的。

我們可以把葛拉威爾的錯誤，稱爲「《堪薩斯怎麼了》（*What's the Matter with*

Kansas）究竟怎麼回事」的問題。湯瑪斯．法蘭克（Thomas Frank）在他這本二〇〇四年的知名著作裡，試圖處理對他來說很驚人的謎團：爲什麼在美國的心臟地帶，有那麼多人投票反對他們的「最佳利益」。不過，法蘭克就像葛拉威爾，考慮的都是當事人只追求單一項好處：在葛拉威爾的張伯倫故事裡，唯一重要的優越表現是工作場合上的；而對法蘭克來說，人唯一的眞正「利益」是經濟利益。這兩位作家都忽略了「人際關係利益」（relational goods）。張伯倫的例子所牽連的人際關係純粹是性慾上的，他有追求「越多越好」的野心，每一次性接觸可能都不超過幾小時；而對於法蘭克書中的堪薩斯人來說，誠如該書的許多批評者所提過的，人際關係因子都是社區性的（也就是說，法蘭克並不承認，人有可能願意爲了活在一個他們認爲道德上比較強健的社會裡，而做出經濟上的犧牲）。但事

實上，這些「其他信念」不會比追求經濟、工作成就的欲望來得「不理性」。

這兩個例子中，當我說到人際關係利益，我並沒有稱讚任何人的意思。張伯倫的獵豔人生，在我看來既是錯誤的也很可悲；「堪薩斯式」的社區團結欲望雖然高尚多了，但這份衝動很可悲地受制於它自身的扭曲誤用。我的重點只是，對於理性思考的解釋，以及因此對非理性思考所產生的判斷，若無法說明人際關係利益的價值和力量，就只是一種極貧瘠的理性模型。

所以，我們並不是「自己思考」，反而是跟其他人一起思考，而且，我們也在對這個世界的主動情感回應之下思考，在與他人之間無時無刻不存在的關係之中思考——或者說，我們應該如此。

只有當它是完整的——與其他人有所關連，誠心地投入——才真正配得上叫做思考。亨利．詹姆斯（Henry James）在他的小說《卡薩瑪希瑪王妃》（*The Princess Casamassima*）自序裡寫道：「但是情感有各種程度，例如克制的、微弱的、恰到好處的、不太聰明的，另外還有尖銳的、濃烈的、完整的——一言以蔽之，它是一種要細心去體會，同時負有重大責任的力量。」[17]這就是思考：要細心去體會，同時負有重大責任的力量。我們只是需要學習怎麼讓自己去體會，以及怎麼更負責地行動。

17 亨利．詹姆斯（Henry James），《小說的藝術：評論序集》（*The Art of the Novel: Critical Prefaces*），柯姆．托賓（Colm Tóibín）編，University of Chicago Press, 2011, p. 62.

第二章　吸引力

好人是怎麼被引導去做壞事：約束、盲目與內部小圈圈

麗雅．黎布芮絲科（Leah Libresco），和梅根．菲普斯－蘿普是同世代的人。她在長島長大，無神論是他們家的基本作風。「宗教可信與否，對我來說不是什麼重要問題，也不會特意去否定它來當作主要的個人身份認同，就好像不會有人在自我介紹時說自己是幽浮懷疑論者一樣。」這種態度——更確切來說是缺乏任何態度——在黎布芮絲科的世界裡很普遍。高中時代，當她在歷史課上讀到宗教改革運動，一位同學舉手發問現在是否還有任何路德派教徒。麗雅．黎布芮絲科如今是羅馬天主教徒。[18]

這是怎麼發生的？首先，可能有人想問，她的父母是否曾經採取任何措施，防止她受到一神論吸引？應該沒有。無神論者傾向認爲無神論是人類的未來，宗教信仰是演化上的殘留物，在最佳狀況下毫無用處，在最糟狀況下則很危險，就像闌尾一樣，不是我們需要特別努力去防止自己接觸的東西。對於基督教，黎布芮絲科當時所知的，或自以爲知道的，是美國新教基要主義派那種近似威斯特布路浸信派教會的神學（如果不是他們那套行銷策略的話）。

於是當她上了耶魯大學，遇到天主教與東正教徒——這些人出身比較古老的信仰，有較強的智性支持——面對他們的觀點，黎布芮絲科沒有任何基礎可以支持她提出反駁。不過，這本來也無關緊要，如果她沒有作出一個後來證實影響其人生的決定：加入辯論社團「耶魯政治聯盟」（Yale Political Union）。有一點值得注意的是：

18 麗雅．黎布芮絲科的故事，最好的起點是這一則《美國》（*America*）雜誌的訪問：http://americamagazine.org/content/all-things/my-journey-atheist-catholic-11-questions-leah-libresco. 當中包含了她的貼文連結，談到我在本章裡描述的那些經驗。黎布芮絲科最近結了婚，婚後全名為麗雅．黎布芮絲科．薩真（Leah Libresco Sargeant）。

儘管許多耶魯政治聯盟的人都有辯論賽的經驗，這個社團的重點卻不在此。「辯論終結時，沒有人贏，也沒有給分。」不過，該社團有自己獨特的深刻競爭性。「我們計算成績的方式，」黎布芮絲科說。「是算有多少人倒戈。」也就是說，眞正重要的是你確實贏得某人支持——而且不是支持你今天晚上被分派到的立場，而是你眞正相信的某件事。

更精確來說，這裡有兩件事很重要，「贏得某人支持」是其中之一，另一件事則是，**讓別人贏得你的支持**。想在耶魯政治聯盟裡成爲幹部，面試時通常會被問到：「你曾經把人打趴嗎？」照該社團的行話來說，「打趴」是指在辯論當中，在所有人的見證下改變心意。把某人打趴是一個指標性的成就。不過——眞正關鍵的來了——候選人也會被問到：「所以，你曾經被別人打趴嗎？」黎布芮絲科說，這個問題的「正確答案是『有』」。畢竟，「你不太可能在剛進耶魯政治聯盟時，就擁有最精準且最有可能成立的政治、倫理學與形上學見解。而如果你在社內那幾年間沒能摒棄你的某些觀念，我們就會懷疑你參與辯論時究竟有多誠實、多深入。」詹姆士・包斯威爾（James Boswell）在他著名的《約翰生傳》（*Life of Samuel Johnson*）裡說到，約翰生有「爲求勝而說話」的習慣，但是在耶魯政治聯盟裡——至少就它的最高標準來說——這樣並非一種美德。

就這層意義上來看，在耶魯政治聯盟中辯論的風險，遠比一般辯論的風險來得高。這裡不是光靠裁判對你辯護某個指定立場的能力作裁決，來判定你是輸是贏。你的弱點在於你自己的心意變化，而改變你的心意，可能滋生出一個不同的你。但以黎布芮絲科的經驗來說，耶魯政治聯盟的整體精神，是建立在願意讓你自己暴露於這種風險之下。被「打趴」是誠懇的象徵，也是一種指標，顯示你不只是願意接受，也願意活出這個社群的價值觀。黎布芮絲科內化了這些價值，也使她後來才得以（或者至少比較容易）去擁抱一套和她自身教養格格不入的信念與生活方式。

在前一章裡，我提到我們總是和其他人一起思考，黎布芮絲科的故事生動說明了這個論點。這個故事也在暗示，充分思考的能力，在相當程度上受到其他人是怎樣的人所影響——這一點，或可稱之爲我們所屬社群的道德形式。比方說，「願意被打趴」本身就是一種信念的聲明：你辯論的對象，是不想傷害你或操縱你的正直之人，因爲當你不信任人，你不太可能容許他們「贏得」你，或其他類似的事。它點出了歸屬與無歸屬、結盟與脫離的問題，是學習如何思考的核心。

約束、盲目與內部小圈圈

強納森・海德特在他二〇一二年的著作《好人總是自以爲是》裡，設法去理解我們之間爲何會有歧見，尤其是（但不限於）在政治和宗教方面，以及更重要的，爲什麼人們這麼難以理解這件事：那些意見跟自己不同的人，也同樣具有聰明才智，也是正直誠實的人類。

他的論證核心如下：「直覺先來，策略推理後到。道德上的直覺係爲自動出現，幾乎是即刻發生，早在道德推理尚未開始前就上場了。最先出現的直覺往往會促成後續的推理。」我們的「道德論證」因此「多半是事後才迅速建構出來，用以促成一項或多項策略目標」。[19]

---

19 譯注：《好人總是自以為是》中譯本，pp.14-15。

海德特花了很多篇幅談我們的道德直覺如何達成兩件事：這些直覺製造凝聚力，也使人盲目。「人們會支持那些跟自己抱有同樣道德觀的政治團體。人一接納了特定的觀點，就會對別種道德觀視而不見。」「道德母體可凝聚人心，卻也令人目盲，使人看不見其他母體的邏輯，或者連其他母體的存在都礙難察覺。」[20]

然而，我們是如何取得這些初始的道德直覺的呢？或者，更貼切的說法是，那些會對我們道德生活產生決定性影響的直覺？（我在這裡區別這兩者，是因爲正如同我們在本章開頭看到的例子，人經常到後來會對自己出身的道德架構產生異議，那種歧異有時說有多大就有多大）。對於這個問題，海德特提出了部分解答。他強調，面對新事物時，人在遺傳上具有不同的傾向：我們當中，有些人天生就喜歡新奇與改變，其他人則不。但這眞的不是個很有幫助的答案，對於說明那些有改變傾向的人尤其如此，因爲：即便是做出重大改變之人，他在人生中會經歷到許多新觀念，但他也會拒絕或忽略當中的大多數想法。所以，問題依然存在：對任何個人來說，究竟是什麼導致一個「道德母體」(moral matrice)成形，成爲他對待所有人事物的判別標準？[20]

我想，C．S．路易斯(C. S. Lewis)在一九四四年十二月回答了這個問題，當時他正在發表倫敦國王學院的紀念演說。這是個公共講座，出席者大半是學生。C．S．路易斯要他的聽眾注意一種現象：在學校、各行各業、政府、軍隊裡——事實上，在人類任何的機構裡，都有和正式組織平行的「第二套或不成文的系統」，那就是內

20 譯註：《好人總是自以為是》中譯本，pp.175頁。

部小圈圈（Inner Ring）。[21]牧師不見得總是教會裡最有影響力的人，老闆也不見得是工作場合裡最重要的人。有些時候，沒有正式頭銜或權威的團體，才是決定組織怎麼運作的人。他們形成內部小圈圈。

C．S．路易斯不覺得在場有任何一位聽眾聽到這種現象會感到驚訝，但他認爲當中一些人可能會很訝異他接下來提出這種主張：「我相信在所有人的人生中，都會在某些時期——對許多人來說，是包含從嬰兒到耄耋在內的每個時期——受到某個支配性極大的因素所影響，那就是：**進入身邊特定小圈圈的欲望，以及被排除在外的恐懼**。」對年輕人來說，重要的是去了解這種欲望的力量，因爲「在所有激情之中，對內部小圈圈的激情會以最有技巧的方式，使那些還不是頂壞的人做出非常壞的事。」

內部小圈圈的吸引力之所以有這麼深刻的腐化力量，是因爲它絕不會自稱是邪惡的。事實上，它根本不會宣告自己的存在。基於這些立場，C．S．路易斯對他在國王學院的聽眾作了一個「預言」：「你們當中，十人裡有九個人，將會面對可能導致惡行的選擇。這一刻到來時，看起來平凡無奇，不具半點戲劇性色彩……在你小酌一杯的時候，或喝咖啡的時候，僞裝成一件瑣碎小事，夾在兩個笑話之間……暗示不經意地降臨。」而當那個選擇眞的來臨，「你會被吸進去。如果你不是因爲被利益吸引或貪安好逸，也會只是因爲在那一刻，杯子離你的嘴唇這麼近，而你受不了再

21　C．S．路易斯（C. S. Lewis），〈內部小圈圈〉（The Inner Ring），收錄在《榮耀的重量及其他演講稿》（*The Weight of Glory and Other Addresses*, HarperOne, 2001），pp. 141–57。

被推回冰冷的外部世界。」[22]就是這些細膩的手段，使得「還不是頂壞的人」有可能被拉去「做出非常壞的事」，而因爲這些行爲，到頭來他們成了非常壞的人。

我認爲，我們的「道德母體」（這是海德特的稱呼）就是這樣形成的：我們回應那一股無可抗拒的牽引力，想要歸屬那一群我們正好碰上、同時又覺得他們吸引力廣大無邊的人。我們或許是在強烈的遺傳傾向影響之下行動，但這些傾向是怎麼被激發的，似乎大半取決於一個人正好在某一刻碰到哪一類特定人士。在此，純屬巧合的成份是很令人心驚的，也應該令我們心驚，因爲：要是我們遇到一群既具吸引力又有趣的人，而他們的觀點非常不同於人，於是我們也會有非常不一樣的觀點。

當然，我的解釋並未把海德特的說法推進太多。有人很有可能會指控我說人會因爲被誰吸引，就接受誰的主張。不過，本書不是專業書籍，一般概論很難太深入論述。對某些人來說，新朋友的吸引力，在於他們似乎很聰明；對其他人來說，可能是他們很有錢或具有美貌。又或者對另一些人來說，跟他們煩死人的家人在社會、宗教或政治立場上有天壤之別，可能才是關鍵。

不過，無論是哪種狀況，一旦我們被吸引並得到加入的許可，一旦我們成爲內

22　二〇一六年《應用社會心理學期刊》的文章〈為了所屬團體走極端：原型化的角色與團體接納〉（Going to Extremes for One's Group: The Role of Prototypicality and Group Acceptance, *Journal of Applied Social Psychology*, 46:9, September 2016, pp. 544–53）裡，李蘭．勾德曼（Liran Goldman）與麥可．A．霍格（Michael A. Hogg）說明了對自身在團體中的地位感到不確定的人，會比那些處於團體核心的人更常「走向極端」，以證明他們的忠誠。我們可以說，當杯子離他們的嘴唇這麼近，他們受不了再被推回冰冷的外部世界。

部小圈圈的一員，我們有一部分就是靠著想出那些事後發明的合理化說詞，來維持自身地位，肯定我們的團體身份，並同時——這一點也很重要——肯定「局外人」、「非我族類」的惡（這是下一章的主題）。值得注意的是，正如一位名叫艾佛利・潘納倫（Avery Pennarun）的谷歌工程師所說的，讓聰明人之所以是聰明人的事情之一，就是他們的這種合理化技巧：「聰明人有個問題，尤其是（但不只是）當你把他們丟到大型團體裡的時候更明顯，那就是：他們有辦法很有說服力地合理化幾乎所有的事。」[23]

我們需要的歸屬：成員資格

在〈內部小圈圈〉一文中，C・S・路易斯用最黑暗的語彙來描述這種團體隸屬關係。那是因爲他在警告人這種隸屬關係的危險，因爲這件事很重要。不過，還是有幾種比較健康的團體隸屬關係，而我們可以用來分辨不健康內部小圈圈與健康社群的主要方式之一，就是看他們對於思考有什麼樣的態度。當有人問起令人不舒服的問題，內部小圈圈會阻撓、嘲弄，甚至無情地排除那些人。這在那些極端的例子裡可以看得一清二楚，舉例來說，就像艾利・賀佛爾（Eric Hoffer）在他的經典研究《狂熱份子》（*The True Believer*）裡解釋過的，人們在參與群眾政治運動之類時會有這種現象：

> 於是，當一群失意者因一場群眾運動結合在一起，總是會瀰漫出強烈的猜疑氣氛。令人驚奇的是，這種同儕間的病態互不信任，不但不會

23 引用自潘納倫個人部落格的一篇文章：http://apenwarr.ca/log/?m=201407#01。潘納倫在同一篇文章裡，也提出這個很有力的評論：「我在這裡工作學到的是，聰明成功的人被詛咒了。自信就是他們的詛咒。這種信心來自事業有成後的順遂人生，客觀看來很棒的工作，在客觀來說很棒的公司裡，拿一份算起來很棒的薪水，做出有數百萬使用者的產品。你一定很聰明。事實上，你真的很聰明。你能證明這點。」

帶來分裂，反而會造成強固性。因為知道自己隨時被監視著，群體中的每個成員因此熱烈遵守著行為與思想守則，以避免受到猜疑。因之，互相猜疑對於維持嚴格正統所起的作用，並不亞於熱烈的信仰。

賀佛爾繼續提出這個銳利的論點：「『狂熱份子』（忠誠信徒）效忠的對象是『整體』（教會、黨、國家），而不是同志。」因爲他的忠誠有可能是裝出來的，而他也懷疑你是裝的。對賀佛爾來說，「只有在一個比較寬鬆、自由的社會，人與人之間的忠誠才有可能存在」。這番話也可以套用在較小規模的情境、沒那麼極端的處境下。眞誠的社群對思考與質疑保持開放，只要這些思維與問題是來自善意之人就行。[24]

爲了進一步探究這種對比，我們會繼續以C・S・路易斯爲我們的嚮導，因爲這些事情他常常想，也想得很透徹。C・S・路易斯最知名的成就，當然是身爲基督教思想家兼小說家，但我相信，對於我們個人的社會構成形態——我們後來爲何會處於某些團體的內部，卻在其他團體的外部——他大多數的觀念，並非來自他三十歲左右才確定下來的基督教信念。這些觀念的源頭得回溯到他的青少年早期，當時他完全沒有宗教信仰。他對這些事的理解，成形於他在寄宿學校的經驗。當時他是個孤獨而愛好閱讀的孩子，而他發現自己被丟進一個嚴格分級、位階分明又充滿競爭的男孩世界，逼迫他在其中確立並維持某種地位。他痛恨在那裡的每分每秒。洞悉這個「最諂媚者生存」的世界是如何改變他的同儕，肯定是他對於內部小圈圈的

24 艾利・賀佛爾（Eric Hoffer），《狂熱份子》（*The True Believer: Thoughts on the Nature of Mass Movements,* Harper Perennial, 1951），124-27頁；中譯本：立緒文化，2004，184-86頁。

觀念發想來源。

他只能從一些小地方和少數的場合去發現內部小圈圈以外還有其他選擇，並於多年之後，在他以〈成員身份〉（Membership）爲題發表的演講稿中寫出此事。這場演講發表於一個基督徒聚會，其最直接應用是在基督教的教會生活上，但其實它的蘊涵遠遠不止於此。

C．S．路易斯認爲，現代西方世界傾向於讓我們二選一：孤獨（這個選擇不總是很容易），或是「被包含在一個集合體之中」。對路易斯來說，集合體是指一種我們基本上具有相同地位與身份的環境。舉例來說，就像身爲演唱會場的聽眾之一，或置身足球比賽的觀眾群中。在我們的世界裡，成員身份是容易丟失的東西，而且它既不是孤立的，也不是匿名的。C・S・路易斯解釋如下：

> 在一個團體裡具有真正的成員身份，跟被包含在一個集合體中有什麼差別，可以從家庭的結構來看。祖父、父母、成年的兒子、小孩、狗和貓是真正的成員（就有機的意義來說），原因正是他們並非一個同質層級的成員或組成單位。他們彼此間不能互換，每個人本身幾乎可說是一個獨立物種……若你把任何一個成員抽掉，你不只是在數量上縮減了這個家庭的規模，而是損害了這個家庭的結構。

但C・S・路易斯接著說，眞正的成員身份可能以一種較不正式且普遍受認可的方式出現，比方說，在一群朋友之間。他引用了一個典型的例子，那就是《柳林中的風聲》（*The Wind in the Willows*，他最喜愛的作品之一）裡的四人組：河鼠、鼴鼠、獾與蟾蜍。他們彼此迥異，有著極端不同的體質和心性，但集結起來可以使他們比獨善其身時還優秀得多。他們每個人都需要其他人的互補才得以完滿：獾的朋友們把他拉出他不修邊幅的孤寂狀態，蟾蜍則需要其他人來……呃，來幫他脫離老是自作自受的困境，而少了河鼠，鼴鼠將永遠不會體會到「在船上瞎忙」的單純喜悅。

這四人組給我們的最重要啟示，有可能是：他們當中沒有任何人試圖將其他人套進某種模型裡，甚至沒人想要徹底改變蟾蜍，只是希望他稍微自我克制一點。每個人都因他自己對團體的獨特貢獻而被接納；如果那貢獻沒那麼獨特，價值就少一點。我可以補充，這也是《哈利．波特》系列小說裡哈利、妙麗與榮恩之間的友誼重點所在。他們的個性和喜好沒有多少重疊之處，除了他們都是葛萊芬多的學生，以及都很有勇氣（奇妙的是，這種靠著情感、輕易接納個人特質來維持的非正式成員關係，我想得到的例子通常都是來自童書——可能大多數成人都不敢奢望這種連結了吧）。

不過，對所有年紀的人來說，某種形式的眞正成員身份，對思考來說是絕對必要的。我們已經看到，在「獨立於他人而思考」這種意義上來說，人不可能「自己思考」；我們也同樣已經看到，內部小圈圈的壓力是怎樣加諸我們身上，以順從作爲歸屬感的附加條件，使得眞正的思考幾乎不可能辦到。面對虛假的歸屬感所造成的危害，唯一的解藥是：**讓想法不那麼相像、心性卻相仿的人之間，產生真正的歸屬感、真正的成員身份、一種夥伴情誼。**

在我認定推特上的冷嘲熱諷、尖酸刻薄，以及純然的憎恨（有時會出現）實在毒性太大，終於使我忍無可忍之前，我在那上頭已經待了七年。但我不想拋棄我在那裡建立的眞誠關係和寶貴連結，所以決定設立一個不公開的推特帳號，並請我最重視的人跟隨那個帳號。我知道我想讓它維持在一個小圈子內（少於一百人），而且幾乎只限我見過本人的對象。除了這兩個條件，我沒有任何篩選原則。

結果是，他們當中有些人是基督徒，有些是猶太人，還有一些是無神論者；有些是學術界人士，有些人不信任學院派；有些是社會主義者，有些則是超反動保守派。而我直到開始寫這一章，才領悟到自己其實還是有個「篩選原則」：我選擇了這些彼此間共通點很少的人，而且從經驗裡得知，即使我說了什麼他們極不以爲然的話，他們也不會就此跟我割席絕交。

這意思是說，我很確信自己是這個有點奇妙的線上小團體的成員（在有機的意義上），而它對我來說是一種具有真正意義的激勵。有時候我甚至在他們身上測試寫作的點子——通常只有一些人有辦法回應（畢竟大家都有生活要忙），但只要他們有回應，我知道那是出自真誠的思考，而不只是情緒性或直覺反應。同樣地，這些人不必然是想法相同，但他們性格上都傾向保持開放，也有傾聽的習慣——就這一點來說，他們的心性相似極了。

這種連結的價值很容易被低估。在這個問題上，艾利．賀佛爾也幫得上忙。他表示：「個人抗壓性的高低，有部分源自一個人對群體的認同感。納粹集中營裡，最挺得住煎熬的是那些覺得自己隸屬某個黨（共產黨），或是教會（神父與牧師）、民族團體的人。」[25]無論你是配備智慧型手機的二十一世紀人類，還是在熱帶大草原上打獵採集的史前人種，孤立都是致命的，眞正的團結則可以保命。相對於以打獵採集爲生的老祖宗，我們面對的問題是，必須區分「眞正的團結」和「參與內部小圈圈」的不同。

評估你的情緒投資

想作出這種區別，第一要務是要具有一點自知（Self-knowledge），就像許久以前蘇格拉底已經告訴我們的。而在種種的自知之中，這裡特別寶貴的是你對自己「個人投資」的認識。

幾年前，我開始跟克里斯多佛．貝哈（Christopher Beha）信件往來——他是備受尊崇的美國《哈潑雜誌》（*Harper's Magazine*）的編輯——討論我是否可能寫篇談美國基督教知識份子日漸式微的文章。這可能性對我來說極有吸引力，畢竟《哈潑雜誌》是美國名聲最響亮的期刊之一，而且誰想得到會在那裡看到由基督徒執筆、針對美國基督教作一番細膩的反省。所以我使出全力，用對貝哈與《哈潑》其他編輯來說會很有吸引力與說服力的方式，來陳述我的想法。

但我也心想，別出賣自己。我不認爲我會言不由衷以求登上《哈潑》的版面，但多的是辦法不撒謊，卻也不誠實。你可以強調某些論點，超出你捫心自問它們值得的程度；你可以小心地操縱你的心思，避開可能被視爲太具爭議性的眞誠信念。這種時候，我可以告訴自己，我只是努力想讓我寫的東西適合我的讀者閱讀——這是

25 《狂熱份子》中譯本，p.89。

一定要的，對吧？這是好事，對吧？對啊，不過，任何的好事都有可能做過頭，而區隔（A）「讓我寫的東西適合我的讀者閱讀」和（B）「告訴人們他們想聽的話，好讓我可以登上影響力強大的雜誌版面」的那道分界線，是在哪裡呢？我不知道那條線在哪裡——到現在也還是不知道——但我知道它是存在的。

最後，文章刊出了，我覺得還滿好的。但在我思索此事的時候，我可以聽到有個小小的聲音從我的腦袋深處冒出來：你說出你內心深處認爲的眞相了嗎？或者你只是想辦法取悅別人？自知是很難的。

自知雖然很重要，在關於成員身份與內部小圈圈的故事裡，卻只是其中一部分。如果羅傑・史庫頓（Roger Scruton）在他的著作《悲觀主義之用》（*The Uses of*

Pessimism）裡所說的是對的，那麼，阻礙人們擁有眞正成員身份的原因之一，就是他所謂「肆無忌憚的樂觀主義」（unscrupulous optimism）。它也是賀佛爾的「忠誠信仰」（True Believing）模式之一，其基礎概念是：「人類的難處與混亂，可以靠某種大規模的校正來克服：只要能設計出一種新制度，一個新系統，人類將可以從他們暫且的牢籠中解放出來，邁向成功勝利的境地。」（史庫頓說它「肆無忌憚」，是因爲這種態度有欠考慮，毫不遲疑，也沒有自我批判的探究——就只是一鼓腦兒的魯莽）。

樂觀主義所提倡的「顯而易見正確」之事，會展現爲一種對「共同價值」（the common good）的追求，但史庫頓相信，這種追求之下永遠是以「我」爲基礎：這是爲了我，以及觀點大致與我相仿的人好。對於這種「爲了我」的態度，史庫頓拿來比較的是「爲了我們」的態度——我覺得這不是最恰當的措辭，但這個對比是有價值的。

史庫頓說，眞正的「我們」——

承認限制與約束的存在，以及我們無法跨越的邊界，而正是這些邊界形塑出我們的生活的意義。再者，「我們」避開「我」的那些目標，而且，「我們」為了追求愛與友誼的長遠利益，可以放棄自己的目的，不論它有多重要。面對他者，「我們」採取協商的姿態，尋求彼此共享的不是目標，而是約束。「我們」的雄心壯志有限，而且很容易倒戈；它也願意犧牲權力和影響力，去交換回報更高的好處：社會性情感（social affection）。26

上面這一段特別精彩的地方，我覺得是作者將重視「愛與友誼」，跟「對他者採取協商的姿態」連結起來。史庫頓相信，如果我們少點關心如何掌控這個世界，多努力去打造一個安全的、可以享受「社會性情感好處」的地方，則我們將更有可能寬待其他同樣想要享受這些好處的人，即使他們在信念與實踐上跟我們非常不同。

史庫頓是那種非常傳統路線的保守份子——比方說，他長期以來都在爲獵狐運動辯護——而且我們必須承認，他提出的論證可以輕易被用來爲社會上的不公義開脫。畢竟，如果你是統治階級的一員，諸如「好啦好啦，把你想自行其是的任性放到

26 羅傑．史庫頓（Roger Scruton），《悲觀主義之用》（*The Uses of Pessimism*, Oxford University Press, 2010，p. 17）。

一邊，讓我們坐下來好談談吧——大家採取協商的姿態不是很好嗎？」這樣的話，是非常符合你的利益的。這類的勸誡會使世界維持原狀，對公義的呼求因此被繳械。所以，對於那些爲了受壓迫者或被邊緣化者發聲的人來說，比起「保持開放心胸」、「設法理解另一方」、甚至「寬容對待與你不同於的人」，堅定的團結對外遠遠重要得多。

讓我們認同他們的想法。讓我們看重團結更甚於開放心胸，接受我們最深切的信念沒必要隨時開放供人審視（我們稍後會看到，「保持開敞的心胸」只在有些時候是好事）。即便如此，當人們希望自己能夠更重視思考，依然有可能心生許多疑問，而且也應該探究這些疑問。

團結、朋友、敵人

讓我舉例說明我的意思，回顧一下二〇一四年塔納哈希·科茨（Ta-Nehisi Coates）刊在《大西洋月刊》（*The Atlantic*）上那一篇詳盡且頗具野心的文章〈支持補償的論證〉（The Case for Reparations）引起的爭議。這篇文章披露後不久，我和某些朋友討論了這篇文章。我們全都同意，它對於一種極端不正義的社會體制來說，是非常強有力的描繪。不過，我的看法是，這篇文章雖然動人，但我不認爲科茨眞的提出了一個支持補償的有效論證——儘管標題是這麼說的。對於我這個說法，我的某些朋友回答：「讀了那篇文章後，你怎能不認爲那些人應該得到補償呢？」

我的回答是，問題不在這裡（上天知道他們理應得到的，遠超出他們可能得到的）。我所想的是，我們應該分開來看診斷與治療：某些人可能確診得了癌症，但化療對他可能不是最佳療法，而當我質疑化療在某個特定病例中的適切性，指控我說病人不配得到治療並不合理。同樣地，我可以認爲非裔美人苦於法律與社會造成的不公義，這些苦難的根源有數百年之深，但補償究竟是不是正確的解決方案，依然是未定之數。在確定補償之前，以下這三個問題必須先有答案：誰來補償？誰來接受？誰來決定？

我不認爲我的朋友們接受我的論證。但不論我是對是錯，我認爲這整件事挑起了一個牽涉到目的與手段的重要問題。就我對這番對話開展過程的理解，我的朋友們毫無保留地、熱切地、理直氣壯地認可科茨這篇文章的目的——該文希望破除種族歧視對於非裔美人在經濟與社會面發展上顯而易見的致命箝制——而他們用這種認可，去迴避認眞省思我們該用什麼樣的手段來處理美國生活核心中此一看似永久性的病症。

我認爲，一種對於團結的誠摯信念在驅策他們。有時候，團結確實該先於我之前提到的「批判性反省」，比如你的朋友剛才跌倒了，還摔斷了手臂，這時候你該安慰他、照護他，而不是教訓他說玩滑板太危險。說教可以晚一點再做，而且或許根本不該由你來（這要看你們是什麼樣的關係）。不過，當科茨提出一個「支持補償的論證」，那是全國公共政策問題，意思是說：跟不公義的受害者站在一起，雖然是有意義的政治行動必不可少的驅動力，但光是團結還不夠：它必須搭配較冷靜的目光，才能看清需要什麼樣的策略與戰術，才最有可能實現我們希望達成的目的。

不過，當你在某種程度上是史庫頓定義下的樂觀主義者，就很難這樣看待事情了，因爲如果你對偏好的手段提出質疑，可能會讓你看來像是對你最在乎的目的漠不關心。我們偶爾都會落入這種陷阱裡，但這兩者之間的區別絕對很重要，而且在所有的公共辯論中，我們都必須牢記這種區別，放在心中最優先的位置。如果我們願意在一開始時就承認，我們跟那些辯論的對象在目的上具有共識——他們也在追求一個人人都能欣欣向榮的健康富足社會——那麼我們就可以跟他們對話，可以將彼此都視爲一個社群裡的眞正成員。即使到頭來，結論是雙方追求的並非同樣的利益(唉，這種事不是不可能)，盡早明白此事總比拖到最後才覺悟來得好。在這條路上，我們可以用許許多多的方式從彼此的身上學習，而且我們可能有機會發現意料之外的成員：**有共同性格傾向的人之間產生的同伴情誼，可能會比信念相同者更真摯**，而且在這種性格傾向仁慈寬大時尤其如此。

這樣的連結網絡很複雜。要區辨它們的存在，需要古人所謂的「審愼」。就像許多其他的德行一樣，想養成「審愼」這種美德，就得迴避某些惡行：史庫頓口中那種

「肆無忌憚的」樂觀主義、隨之而來的驟下判斷，以及對於自身偏愛的手段不願加以質疑的態度。「審慎」並非無法確定什麼是對的，而是要謹慎地找出達成目的之最佳手段；它引導我們去尋求盟友（不論有多麼不完美），而不是樹立敵人。如果我們想要好好地思考，這些都是很重要的事。誠如《聖經》所言，「愚蒙人得愚昧爲產業；通達人得知識爲冠冕。」

第三章　嫌惡

你沒有你以為的那樣容忍他人：
布佛式論證與海獅問題

幾年前，史考特・亞歷山大（Scott Alexander）——現今活躍的部落客當中思想最前後一致的一位，我讀他正是因爲他能幫助我思考——寫了一篇部落格貼文，名爲〈我可以容忍任何事，只有外團體例外〉。在這篇文章裡，他試圖回答一個問題：（比方說）白種異性戀男子可以對（比方說）黑人女同志表現得一派親切仁慈，卻對其他的白種異性戀男子沒一句好話——這是怎麼回事？傳統的內團體與外團體區野，出了什麼事？亞歷山大的答案是：「外團體可能是那些看起來和你並無二致之人，而那些本來令人退避三舍的外人，必要時可以一瞬間變成內團體。」27

他接著提出一個強有力的例子。他說，當他對奧薩瑪・賓拉登的死亡表示欣慰的時候，被讀者罵了。亞歷山大以爲很講理又深思熟慮的那些人當中，不只一位表現出「明顯厭惡其他人竟然可以對（賓拉登的）死亡表示高興。我連忙從原來的立場撤退，說我不是爲這件事本身而高興，只是覺得驚訝又如釋重負，終於可以把這一切拋諸腦後了。」

亞歷山大接著表示，但是當瑪格麗特・柴契爾（Margaret Thatcher）死亡時，「我的臉書塗鴉牆上——同樣是這一批「聰明、講理、思想細膩深刻」的人——最普遍的反應，卻是引用《叮咚，女巫死啦》（*Ding Dong, The Witch Is Dead*）這首歌裡的某一段歌詞，另一種反應則是連結英國人逕自在街上開趴的影片，附上諸如「眞希望我在那裡，就可以加入他們了」這類的評論。這完全相同的一批人中，沒有發出任何對此表示厭惡的貼文，或是「行行好，各位，柴契爾和我們一樣都是人好嗎」之類的話。甚至，

27 http://slatestarcodex.com/2014/09/30/i-can-tolerate-anything-except-the-outgroup/

在他指出這一點的時候，他的讀者裡沒有任何人覺得他們為柴契爾之死歡欣鼓舞有什麼問題。

亞歷山大在這時領悟到：「如果你是藍色部落的一員，那麼你的外團體不是開達組織、穆斯林、黑人、同志、跨性別者、猶太人或無神論者，而是紅色部落。」對我們來說，真正的外團體是隔壁鄰居。28

懲罰外團體

亞歷山大的那篇貼文之後，出現了一篇有研究基礎的文章，肯定了他的假設。〈跨越黨派界限的恐懼與厭惡：群體極化的新證據〉（Fear and Loathing Across Party Lines: New Evidence on Group Polarization），作者是尚托・伊延格（Shanto Iyengar）與尚恩・J・威斯特伍（Sean J. Westwood）。他們指出，今日的美國人不只對那些政治上意見不同的人抱持敵意，還越來越準備對這種敵意採取實踐行動。伊延格與威斯特伍的研究發現了大量種族偏見，這是在預期中的，在接下來幾年內還可能每下愈況，但大家似乎也認爲自己不該有種族歧視，或者至少不該表現出來。然而，關於意識形態上的歧視，就不一樣了：「儘管對非裔美人的負

---

28 〈後黨派之見就是超級黨派之見〉（Post-Partisanship Is Hyper-Partisanship, http://slatestarcodex.com/2016/07/27/post-partisanship-is-hyper-partisanship/）：「我們將跟我們相近的團體想成處於『近模式』，從他們是有用的盟友或危險的敵人來評斷他們，比較遙遠的團體則處於『遠模式』——通常會將他們視為與我們『不同國的』，有時是『高貴野蠻人』這種類型的正面異國化（這個說法太過廣義，連我們看待圖博人的方式，都算這種比喻的一例），其他時候則是負面的異國化，將他們視為卡通式的典型壞人，與其說引人反感，還不如說是搞笑或吸引人的。以成吉思汗為例——客觀來說，他是有史以來最邪惡的人之一，殺死了數百萬人，但既然我們從遠模式來思考他，他就變得很吸引人，甚至是病態地令人仰慕：『哇，好個嗜血到不行的大將軍。』」

面態度徘徊不去，社會規範看來仍壓制了種族歧視，但對於以黨同伐異爲基礎的歧視，就沒有這種不情願的態度了。」[29]也就是說，許多美國人很樂意不公正地對待屬於外來陣營的人，而且——這或許是最能說明問題、也最令人憂心的研究結果——他們懲罰外團體的欲望，明顯強過他們支持內團體的欲望。透過一連串的遊戲，伊延格與威斯特伍的研究發現：「對外團體的敵意，比對內團體的偏袒更爲重大」。

我在開頭提過，本書的許多主題與論旨，起源於我屬於兩個往往彼此敵對的社群：學術界和基督教會。當然，學術界和教會各有他們自己內在的敵對，而且狀況奇特地近似。兩個陣營的共同現象之一，是邏輯的力量通常被發揮在「敵人的敵人就是我的朋友」。只要結盟可以阻撓各自意識形態上的敵人，彼此無法容忍的人也可以形成強有力的同盟關係，而且爲了達成阻撓敵人的目標，他們會充滿魄力又足智多謀，其能耐之大連拿破崙都會嫉妒，其不屈不撓也可能令他喪膽。

在此我們可能會想到羅傑・史庫頓對樂觀份子的批評：「肆無忌憚」，莽撞地往前衝。如果你相信這世界的破碎狀態不僅可能改善，還能一勞永逸地修復，則那些不像你一樣抱持樂觀主義的人，或雖然有相同態度、卻選擇投入不同體系的人，就是烏托邦的敵人（「敵人」實質上就是對抗你、擋住你去路的人）。在這個邏輯之下，各種人都有可能成爲消耗品——甚至，殲滅敵人可能變成樂觀主義者自己認定的責任。十九世紀有位教宗發表過「錯誤沒有權利」（Error has no rights.）這個惡名昭彰的

---

29 這篇文章出現在《美國政治科學期刊》（*American Journal of Political Science* 59, no. 3, July 2015）。

評論。在自以爲義的動力襲捲之下，樂觀主義者可能輕易就忘記歐瑞斯提斯・布朗森（Orestes Brownson）在教宗聲明之前的重要補充說明：「錯誤沒有權利，但犯錯的人和沒犯錯的人有同等的權利。」[30]

這麼多年以來，我一直不厭其煩強調的事之一是：贊同你的人不會永遠大權在握，從事政治性行動時務必將這一點謹記在心。我相信，在一個民主社會裡，支持政治哲學家所謂的「程序論」（proceduralism），是合理又明智的事。程序論是同意政治上的對手們應該遵循同一套規則，以此維持穩定的社會秩序。美國人如今正在廣泛否決這項信念的半路上，而我在學界與宗教環境下都看到此事發生：用既有的規則對付你的對手，或是制定明顯企圖邊緣化對手的新規則，從不曾停下來自問這種方法是否公平，甚至沒想過要是將來政治風向改變了，這些新規則會不會害到自己。

純粹的敵意就是有這種力量：癱瘓我們的道德和實際判斷（practical judgment）。

這一章的任務，是提出各種方法來識別敵意的力量，以及克服這種力量的策略。這麼做的其中一個古典方法是，爲你不同意的立場尋求最好的——最聰慧、最明智、最公正的——代表人物。如果你讀到這句話時，第一個念頭是你的敵手當中很難找到聰慧、明智又公正的人，我希望你可以好好想一下自己是否認爲這樣的人在你的同志中比較常見。而如果你說是，我會請你反省一下第二章的教訓之一：在你這麼想的時候，你做了大量的情緒投資。

---

30 這是教宗庇護九世（Pius IX）提出的說法，出現在他著名的《謬說要錄》（*Syllabus Errorum*, 1864）中。改變信仰、成為天主教熱忱信徒的布朗森，是在一篇題為〈改革與改革者〉（Reform and Reformers, 1863）的文章裡提出他的聲明。該文本來是國際對話活動（international conversation）的一部分，後來被庇護九世寫進其《謬說要錄》中。

我們會討論幾種方式，它們可以幫忙找出誰算是某個立場的「典型」代表，還會討論這種做法有多重要。不過，我在這一章後半部的主要任務，是要告訴你如何找出眞正値得一讀、値得一聽的人——就算你不同意他們。

這時候有人可能會說：「你說得好像覺得某些人、某些想法很令人反感是不對的，本質上是錯誤的。可是，有些觀念、有些看法眞的很可惡，而且那些抱持這種看法的人，尤其是那種熱烈支持者，也可能眞的很他馬的討人厭啊——記得你說過的那個『上帝恨甲甲』、『處死甲甲』嗎？」

確實是如此，但就像我們在梅根．菲普斯—羅普的蛻變中所看到的，至少有這麼一位曾經扛著那種標語的人很明顯不是妖魔鬼怪。同樣有可能的是，有妖魔鬼怪觀點的「非妖魔鬼怪」人數不只一個。這麼多年以來我體認到，某些人的教育觀點雖然嚇壞了我，他們對學生的付出、奉獻程度卻高於我；某些人的神學立場，讓我覺得對教會的健康發展有無盡的傷害，這些人卻比我更虔誠、更慈善、更像耶穌基督，是我永遠及不上的。他們令我自慚形穢，即使我不認同他們對某些事的看法。在這些人身邊，迫使我面對關於我自己的某些真相（那些本來我寧願迴避的）。光憑這一點，我們就有理由窮盡一切可能的手段，去約束敵意的能量。

布佛式論證與海獅問題

一個非妖魔鬼怪支持令你覺得厭惡的觀念——不只是有錯，還讓你反感到憑直覺就想離他越遠越好——這時你要怎麼辦？幾年前，里昂．卡斯（Leon Kass）寫到他所謂的「厭惡的智慧」。雖然這概念通常讓人聯想到保守主義，但事實上，不論你是位於政治光譜上的什麼位置，所有人都相信厭惡的智慧。大家就是對不同種類的人、不同的行爲感到厭惡。[31]我想，這麼說很公平：我們的厭惡腺體分泌其化學混合物時，不是完全可靠的。有時候我們厭惡有理，有時候我們沒必要厭惡，而且可以學會克服這種感覺。所以，在不否認厭惡之中可能眞有智慧的前提下，我要把焦點放在我們應該忽略厭惡腺體分泌的那些情況上。

我們經常遇到這樣的麻煩：這個人的想法眞的很噁心；那個人……就只是個人而已。好吧，所以也許他不是妖魔鬼怪，但這不表示他沒有嚴重的問題，例如道德缺陷（一個「滿懷恨意之人」），或是有嚴重的心理毛病（「恐懼」、「憤怒」、「尖酸刻薄」）。注意這種說詞內建的假設：錯誤是病態的結果。如果他不是道德或心理上嚴重失能，他不可能犯錯——這是隱藏在其中或明擺著的訊息。

但我們所有人都曾有過錯，你最愛、最仰慕的人也都犯過錯，如果你想的話，可以對他們幹過的錯事舉出一大堆例子，但你不會把這些錯誤歸咎於病態，不會把這群人放進「一群可悲的傢伙」範疇（這是希拉蕊・柯林頓惡名昭彰的用語）。爲什麼？

這樣的不一致已經夠令人擔心了，但還有更糟的。我們應該注意，這種「爲什麼XX是錯的」的閒聊，經常導致我們迴避另一個更具挑戰性的問題：**我們怎麼知道XX是錯的**？這個問題永遠值得一問，就算這個XX相信二戰時的猶太人大屠殺從未發生過，又或者歐巴馬是個祕而不宣的穆斯林也一樣。光是提出這個問題，就是

31 卡斯的文章〈厭惡的智慧〉（The Wisdom of Repugnance, *New Republic*, June 2, 1997），特別把重點放在他認為我們應該抱持的一種厭惡：對未來出現複製人的厭惡。

很有用的智性檢查，提醒我們去估量個人對於自身支持的觀點抱持著怎樣不同程度的信心。比方說，「歐巴馬是穆斯林」的證據不存在，也有大量證據說明他不是，但比起「大屠殺從未發生過」的理論，祕密穆斯林一事還算有點可能性。

在此，C．S．路易斯再度登場救援。他的一篇嚴肅文章裡有個滑稽的段落，而他在當中創造了一個叫做以西結．布佛的人，號稱「二十世紀的締造者之一」，其偉大成就是發現下面這個永垂不朽的偉大真理：「直接假設你的對手是錯的，然後解釋他的錯誤，世界就會匍匐在你腳下。當你試圖證明他是錯的，或設法找出他是對是錯（這樣更糟），則我們這個年代的全國性動力會推你去撞牆。」就這樣，路易斯讓這個很受歡迎的論證策略——「直接假設你的對手是錯的，然後解釋他的錯誤」——有了一個名字：布佛式論證（Bulverism）。[32]這是咱們的老朋友「訴諸人身謬誤」（*ad hominem* fallacy）的一個變種，說來其實很常見，但C・S・路易斯認爲它是「我們這個年代的全國性動力」（姑且不論這是什麼意思）造就出的產物，或是近期才有的現象，顯然是搞錯了。這種謬誤可能和異議本身的歷史一樣悠久。有個例子發生在五百年前，是史上最惡名昭彰的公開辱罵比賽之一：馬丁・路德和湯瑪斯・摩爾（Thomas More）之間的相互攻訐。

不過，在我們考量這個布佛式論證的實例時，必須加入另一個跟我們非常相關的複雜因素：新科技在其中扮演的角色。大家都已經很清楚印刷出版與宗教改革之

32 C・S・路易斯，〈布佛式論證：二十世紀思想基礎〉（Bulverism' or, The Foundation of Twentieth Century Thought），收錄於《被告席的神：神學與倫理學論文集》（*God in the Dock: Essays on Theology and Ethics*, Eerdmans, 1970），pp.271–77.

間的緊密關連（說不定還太過強調了），比較被忽略的是歐洲郵政系統扮演的角色，原因有部分在於流傳下來的相關歷史紀錄很模糊，而且當時的歐洲郵政系統其實還稱不上一個系統，一封信是不是眞的可以寄到目的地都很難說。或許是因爲如此，當時的許多信件是印刷出版的，例如公開信、書的序言，或單獨印製的單張公告。但這個做法造成當時的每場筆戰都處於一種含糊的狀態：我們今日所謂的公共領域、私領域，在當時成了定義不明確的連續體（continuum），而這些信件就在這連續體上來回滑動。

有個可以用來理解這種狀態的概念工具，出自克里斯多佛．亞歷山大（Christopher Alexander）等人合著的開創性著作《建築模式語言》（*A Pattern Language*）。這本書探究了建築和更廣義的空間設計所處的社會脈絡。這個很有用的概念就是「親密梯度」

（intimacy gradient）。當前肆虐各社群媒體的緊張狀態，有許多是起因於大家在特定對話交流中對於實質親密程度抱持有所衝突的假設。我們可以稱之爲「海獅問題」（參見下頁漫畫）。

我們都同意，私下、公開或是半公開對話（例如在餐廳吃飯時說的話）之間的難以界定，再加上所謂的「網路去抑制效應」（online disinhibition effect），造就出許多線上溝通功能失調的特色。不過，這根本不是什麼新鮮事，歷史上早有跡可循。[33]

湯瑪斯．摩爾對於馬丁．路德與其追隨者的攻擊，以及路德對於天主教教義（特

33 「網路去抑制效應」一詞是約翰．蘇勒（John Suler）創造出來的，出自〈網路去抑制效應〉（The Online Disinhibition Effect, *Cyber Psychology & Behavior* 7, no. 3 (2004): 321–26）。

Courtesy of wondermark.com.© 2014 David Malki !

別是教皇權力）的攻擊，可以讓今日大多數的線上羞辱大會相形失色。摩爾寫給路德的信裡說：「你那張髒嘴，眞是糞池中的糞池，全都是你那遭天譴的腐敗性情嘔出來的動物大便和人屎。」他還這麼說路德的追隨者，「用他們的身體產出最惡臭的糞便，來點綴十字架上的基督最神聖形象」，而這些身體「注定要被焚燒」。至於路德這一方，則是講到舔魔鬼屁眼的「親愛的小狗屁教宗」，甚至還這麼說所有的教宗：「你們是狗急跳牆、徹徹底底的大惡棍、殺人犯、叛徒、騙子，地球上所有罪大惡極之人的渣滓。你們體內滿滿的都是地獄裡所有最糟糕的惡魔——滿滿的、滿滿的，滿到你們做不了別的事，只能嘔出、吐出、噴出那些惡魔！」

摩爾和路德會都堅持，他們神學上的敵人只會逼不智的可憐基督徒下地獄，所以活該這樣被臭罵——如果還想得出更糟的說法，就該用更糟糕的字眼去對付。但我認爲，這種語言的暴力性，有部分原因在於新科技產生的去抑制作用。那個時代，所謂新科技主要包括活版印刷術和郵遞，使得從未見過面、也不太可能見面的人得以交談（在這個例子裡是彼此叫囂）。它就好像他們隔著遙遠的距離大叫，想讓對方聽見——差不多就像以前的人打類比式長途電話時會拉高嗓門，好讓身在巴黎或布宜諾斯艾利斯的人聽得到自己說話一樣。我們不會對自己的隔壁鄰居講話那麼大聲、那麼粗暴。

說真的，可能會有人說，不論摩爾或路德都無法把自己的辯證對手視爲「鄰人」，也就是說，這兩人都不明白，即使在遠距離通信辯論中，基督徒還是應該愛鄰如己才對。也許，只有在某些溝通科技使我們能夠跟傳統或一般意義上不算鄰居的人對話時，「他者」（the other）這個非常哲學的概念才會浮現。齊克果在他的著作《愛在流行》(*Works of Love*)裡語帶諷刺地表示:「『鄰人』是思想家所謂的他者。」這或許和齊克果一輩子都在當時仍只是個小城鎮的哥本哈根參與各種政治與社會衝突有關,讓他看到從「鄰人」到「他者」的轉換裡有一種墮落。[34]

齊克果在呼籲我們避開這種狀態:科技使我們能夠跟在過去稱不上「鄰人」的人交談辯論,結果催生了這種去抑制狀態,以及隨之而來的缺乏慈悲。溝通科技讓我們克服了空間距離,卻也讓我們忽略一件事:那些我們覺得在阻礙世界發展的人,和我們一樣有血有肉,有共通的人性。對於梅根・菲普斯—羅普來說,數位科技是讓她在出乎意料之處發現人性的工具。每出現一個菲普斯—羅普,就有另外一百個

34 齊克果(Søren Kierkegaard),《愛在流行》(*Works of Love*, trans. Howard and Edna Hong, Harper, 1964),p. 37;中譯本:商周出版,2015,p.35。

人運用相同的科技堅稱那些抱持錯誤信念的文化他者令人反感。

這裡我們可能會回想起羅傑·史庫頓推薦的做法：「對他者採取協商的姿態」。至於怎麼做，我想，應該就是不再把一個人看成「他者」，而是看成「我的鄰人」。而當你這麼做了，就比較難用布佛式論證來對付那個人（覺得他或她錯得再明顯不過、根本犯不著辯論，只配被嘲弄）。只要某人對你來說仍只是「他者」，是RCO，是透過科技可以接觸到、但在你眼裡不眞的具有完整人性的人，則布佛式論證的誘惑將永遠近在你眼前。

理性國：消滅偏見

這一章和前一章，是關於吸引力與嫌惡如何影響我們的思考。這些問題可能激起一種反應：讓我們消滅吸引力和嫌惡感吧，然後評估我們可以取得的證據，作出純粹理性的決定。先前已經討論過這個觀念，但我們的論證已經往前推進了一些，而以我們到目前爲止所見的一切爲基礎，現在可以重新討論這個議題，再往下鑽深一點。這是個重要的主題，而透過進一步探索，我們可以將好幾條討論何謂「好好地思考」的路線整合起來。

二〇一六年六月，天文學家尼爾・德格拉斯・泰森（Neil deGrasse Tyson）以一則推文引起大量關注：

> 地球需要一個虛擬國度：#理性國，憲章只有一條：所有政策都基於對實證的衡量。

這則推文很可能讓自稱「理性主義者社群」的人覺得很暖心，包括艾里耶澤・尤考斯基（Eliezer Yudkowsky）與羅賓・韓森（Robin Hanson）。他們倆在二〇〇六年共同創立了一個部落格，叫做「克服偏見」[35]（韓森現在是那裡的主要執筆者）。根據這種理性模型——我相信我這麼說並未冤枉他們：這裡提到的這些人認爲這是唯一的理性模型——吸引力與嫌惡感都只是偏見，而偏見干擾我們衡量證據的能力，所以應該被克服、被消滅。

但在此，我們應該回想一下老朋友約翰・史都華・彌爾的發現：「若沒有培養其他心性，分析的精神將欠缺前者的自然補充與校正……這種分析的習性會有磨蝕情感的傾向。」以及這個發現又是如何讓他採取這個新的立場：「情感的陶冶，變成我的倫理學與哲學信條中最主要的重點之一。」

彌爾的論點本身就很有說服力，先前我只講到這裡。但我們現在可以進一步指出，一百年多後，這番說法被神經科學家安東尼奧・達瑪西歐（Antonio Damasio）在他強有力的著作《笛卡兒的錯誤》（*Descartes' Error*）裡證實了。達瑪西歐發現，當人對於種種情境只有幾種有限的情緒反應，或沒有情緒反應，不論原因在於受傷還是先天缺陷，他們的決策都會出現嚴重問題。他們只運用理性，但結果證明，以理性來決定行動是不夠的。

我們來看看一位女士的病例，人們稱她爲ＳＭ。ＳＭ罹患一種罕見病症叫做皮膚粘膜類脂沉積症（Urbach-Wiethe disease），影響了她大腦底部的杏仁核運作，使她

35 部落格「克服偏見」（Overcoming Bias），見 http://www.overcomingbias.com/

感覺不到恐懼。根據瑞秋・飛特曼（Rachel Feltman）在《華盛頓郵報》上所作的說明：「SM並不笨。她明白什麼會害死她，什麼不會，但她缺乏我們其他人暴露於危險下時會出現的那種迅速、下意識、出自身體本能的反應。從某些方面來說，她的生活像是被施展了魔力，遇見的每個人都是好人，世界看來多麼光明美好。但她必須很有意識地處理危險，而這一點很可能害自己陷入不幸的處境。」有一次，公園長椅上有個男人招手要她過去，她也眞的照做了，結果他拿出一把刀來威脅她。[36]

達瑪西歐表示，問題在於SM「必須很有意識地處理危險」，但人腦沒有精力在醒著的時時刻刻做這種處理。如果你和我走路穿過公園，有位小老太太示意要我們過去，我們可能不多想就照做——老實話，是根本想都不想，因爲康納曼所說的系統一（海德特所謂的「大象」）已經在工作中，建立起我們對這個處境的反應，覺得狀況很安全、可以放行。我們不會停下來思考這位小老太太可不可能是個精神變態，或某個犯罪幫派的成員。她一叫人，我們就靠過去，因爲我們有意識的心靈在想別的事，而且我們信任系統一可以替我們作偵查和風險計算。但如果是某個看來好幾年沒洗澡也沒洗衣服、讓人發毛的傢伙叫我們，系統一就會啓動它所有的恐懼警報，於是我們不會停下來考慮要不要走過去，因爲意識表層底下已經作出決定（不論是

36 https://www.washingtonpost.com/news/speaking-of-science/wp/2015/01/20/meet-the-woman-who-cant-feel-fear/。這位女性的故事本來是在全國公共廣播電台（NPR）的網路廣播節目「不可見之物」（*Invisibilia*）中披露，旁白出自安東尼奧．達瑪西歐。在《笛卡兒的錯誤：情緒、理性與人腦》（*Descartes' Error: Emotion, Reason, and the Human Brain,* G. P. Putnam, 1994）裡，達瑪西歐提出他的「軀體標記」(somatic markers）理論：我們的身體在強義上先以編碼的方式、再觸發特定感受，在我們的心靈（mind）上留下標記；這些標記對於我們擁有健全思維與良好決策具有很關鍵的作用。誠如達瑪西歐在其結論中明確指出的：「心靈是名符其實被『體』現的，而不只是靠大腦運作的。」

「小老太太」或是「看來讓人發毛的傢伙」，對於這兩個範疇，我們肯定都有各式各樣的感受）。不過，如果系統一沒發揮作用，沒啓動警報，尤其是如果我們有意識的心靈在忙別的事，則我們可能就會採取和SM一樣的做法，傻乎乎地走過去。

系統一爲我們做的事，是提供我們一個偏見清單，以減少我們大腦作決定的負擔。這些偏見並非絕對正確的，卻可以提供康納曼所謂有用的「捷徑思考法」（heuristics）：它們的正確率夠高，所以我們照章行事，沒有好理由——比方說，你的人生使命是救助遊民——就不踰越這些法則。這是很合理的做法。少了這些成見、偏見，我們就沒辦法過日子，因爲必須評估每個個別處境帶來的認知需求，將會癱瘓我們的行動。這就是爲什麼英國散文家威廉·哈茲利特（William Hazlitt）寫道：「少了習慣與偏見的幫助，我甚至找不著穿過房間的路，也不知道在任何情境下該怎麼指引自己的行爲，更不知道在任何人際關係裡該有什麼感覺。理性可以扮演批評家，並在事後糾正某些錯誤；但如果我們要在人類事務變動不居又繁雜多變的組合中，等著理性作出正式、徹底的決定，這世界就要停擺了。」

所以我們需要成見這一類的情緒傾向（emotional predisposition），來解除認知上的負擔，然後我們只能期望這些成見是正確的成見。正如某位智者所說的，批判性省思的主要任務之一，是分辨我們藉以理解事物、反映眞相的先入之見，以及那些令我們誤解事物的假性先入之見。[37]系統一自行運作，沒有意識指引，但也可以被改變、被訓練，可以發展出新的習慣。當彌爾說到正確、有條理的情感具備塑造性

37 高達美（Hans-Georg Gadamer），《眞理與方法》（*Truth and Method*, 2nd ed., trans. revised by Joel Weinsheimer and Donald G. Marshall, Crossroad, 1992），p.298；中譯本：時報文化，1993，p.391。

格的力量，就是指這個意思。學習去感覺我們應有的感覺，極有助於我們學習如何以應有的方式思考。

正因爲如此，學習和最好的人、而不是最糟的人一起思考，才會這麼重要。與人長期共處，我們免不了會沿用他們接觸世界的方式——不只他們的觀念，還有待人處事之道。這些「最好的人」會提供他們如何應對那些持不同意見者的模型。讓我們想想梅根．菲普斯–蘿普的故事，以及當中的對比：大衛．阿比波如何應付她對他的攻擊，而威斯特布路教會的人又是如何處置異議者。菲普斯–蘿普不只是改變觀念，她還改變社群，而且只是憑著她對人類行為的某些直覺與感受（回想一下我稍早提出的論證：在思考和誰結盟的時候，我們應該考慮的不只是信念，還要考慮性格傾向，後者或許還更重要）。在能爲自己的轉變提出一個理性論證之前，她已經開始改變；她互動的那些對象所展現的品格（不論好或壞），促使她有所回應。如果一個理性模型無法擁抱這種改變——從一組先入之見轉移到更好的另一組，因爲後者可以喚起正常、健全的感受——說眞的，就實在太貧乏了。[38]

而且有可能比貧乏還糟糕。一百年前G．K．卻斯特頓這麼寫道：「如果你跟

38 康納曼與他的長期研究夥伴阿摩斯．特沃斯基（Amos Tversky），提出自然人（Humans）和經濟人（Econs）之間的區別。經濟人是完全理性的行為者——這種理性是我已經論證反對過的狹義理性——熱愛某些類型的經濟理論。《快思慢想》一書中，康納曼在概述他與特沃斯基的工作時，說明了經濟人是相當容易理解的生物，卻有一種不幸的特徵：純屬想像。相對地，自然人是真實的，卻異常地複雜。當他們沒有像經濟人那樣行動時，康納曼說，不能以為其不理性而嗤之以鼻。「以內在一致性作為理性，此定義的限縮性令一切窒礙難行。這種定義下的理性，要求固守一個有限心智無法履行的邏輯規則。在此一定義下，合理明智之人不可能是理性的，但他們不該因此被貼上『不理性』的標籤。『不理性』是個很強烈的字眼，意味著衝動性、情緒性，並頑強抗拒合理的論證。當我和阿摩斯的研究成果被視為證明人類的選擇並不理性時，經常令我覺得很不自在。事實上，我們的研究只是顯示出人類行為無法用理性行為者（rational-agent）模型來適切描述。」

一個瘋子爭論，你極有可能慘敗，因爲在許多方面來說，他的心智運行快得多，沒有那些輔助正確判斷的東西拖慢他的速度。他不會被幽默感或慈悲心拖累，也不會被愚蠢的經驗認定所妨礙。失去某些正常的情感，使他更合乎邏輯。的確，瘋狂（insanity）這個慣用語，在這方面具有誤導性。瘋子不是失去理性的人。瘋子是除了理性之外，失去了一切的人。」[39]

---

39 卻斯特頓（G. K. Chesterton），《正統論》（*Orthodoxy*, 1908），第二章。

第四章　聰明人的籌碼，傻子的金錢

太過信賴文字是危險的事

本章的標題借自十七世紀的偉大政治哲學家湯瑪斯・霍布斯（Thomas Hobbes）。在他的巨作《巨靈論》（*Leviathan*）剛開始的地方，他寫道：「少了字詞，就不可能使任何人變得絕頂明智，或是——當他的記憶力受到疾病或器官組成異常的影響——絕頂愚蠢。因爲文字是聰明人的籌碼，只用來做計算；但文字是傻瓜的金錢。」[40]把霍布斯的論點轉譯成當代英語來說就是：文字能力（「字詞」）是一種極了不起的發明，因爲它有放大我們既有特徵的力量。透過閱讀，一個已經有些智慧的人可以得到更多智慧；但同樣眞確的是，閱讀可以使一個已經有愚蠢傾向的人，變得更愚不可及。

這個論點不只適用於書面文字。就像梅爾維爾（Melville）的小說《白色外套》（*White-Jacket*）裡，庫提柯醫生（Doctor Cuticle）對一些年輕海軍船醫所說的：「眞正的科學人只會用很少數的難字，而且只在其他字眼都無法說明時才使用；反而是對科學一知半解的人，靠著講些艱澀的字眼來證明他的智識有多高超。」[41]（在此，科學指的是「學術性知識」）。人很容易受文字所困，使用文字的方式彷彿它完全代表了知識，把它當成現金、法定貨幣，所有地方都會照著它的面值收下，而不只是個籌碼。

文字的誘人魅力無邊，但我們通常認不出它的魅惑手法。從幼童身上，或許可以最清楚看出文字的力量。新的詞彙讓幼童很著迷，他們會找所有可能的機會使用新學的字。事實上，成年人在這方面並無二致，只是比起這些更幼小的同類，我們已學會掩飾我們的陶醉，假裝一個對我們來說全新的詞句從老早以前就躺在我們的

---

40 霍布斯（Hobbes），《巨靈論》（*Leviathan*, 1651），第四章〈論人〉（Of Man）。

41 梅爾維爾（Melville），《白色外套》（*White-Jacket*, 1850），第六十三章。

文字倉庫裡。「喔，這又不是什麼新東西，不是嗎？」但其實，我們在自己心裡一再翻轉打量這個閃亮亮的新詞，就像守財奴摸弄著口袋裡的錢幣一樣。

文字在人與人的社會聯繫之間所扮演的角色，又增強了過度重視文字的誘惑。第二章裡，我們討論了海德特的論證，「道德母體」同時既有凝聚力又讓人盲目，而那些母體大半是透過語言來做到這項工作。幾十年前，風格獨特的文評家肯尼斯・柏克（Kenneth Burke）寫了一篇絕佳的文章，名爲〈詞彙濾網〉。他在這篇文章裡就提出這個論點。每當我們使用一個特定詞彙——比方說政治性、美學性、道德性、宗教性或社會性的——來形容一個人、一樣東西、一件事的時候，我們是想要人注意那些事物的某些面向。但只要是透過那層語言的濾網來看，我們也會在不經意中隱匿了該事物的其他面向，變得盲目。柏克不認爲我們能夠選擇是否使用詞彙濾網：

「不使用詞彙，我們根本說不了任何事情。」但光是因爲這個理由，我們就該努力去理解我們的詞彙如何運作，尤其是在它們怎麼「引導注意力」這件事上，例如：**這個語言要我看到什麼？這個語言阻止我看到什麼？**以及，這一點或許最爲重要：**當我的注意力是這樣、而不是那樣被引導，結果對誰有好處？**[42]

關鍵字和團體認同

人們指出自己隸屬或不屬於某團體的主要方式之一，是透過關鍵字的運用。不論在政治和社會光譜的哪個位置，這一點都是眞確的，而且在某些社交網絡的標籤使用上就可以看出其中最純粹（也就是最極端）的形式，例如：#RINO（徒具名義的共和黨員）、#cuckservative（綠帽保守派）、#intersectionality（多元交織），或

42 〈詞彙濾網〉（Terministic Screens），出自肯尼斯．柏克的著作《語言作為象徵形式》（*Language as Symbolic Form*, University of California Press, 1966）第一部第三章。

是#whiteprivilege（白種特權）。這些標籤經常被用來當成對他人推文或貼文的一句話回應。它的功用很多，也讓我想起《愛麗絲鏡中奇緣》裡，發生在蛋頭先生（Humpty Dumpty）和愛麗絲之間的一幕：

「深不可測（Impenetrability）！我同意就是這樣！」

「可不可以請您告訴我，」愛麗絲說。「那是什麼意思？」

「現在妳說話像個明理的孩子了。」蛋頭先生說，看起來非常開心。「我說它『深不可測』，意思是我們已經講夠那個主題了，接下來妳可以講講妳打算做些什麼，因為我想妳不打算下半輩子都卡在這裡。」

「這一個詞要表達的意思還真夠多。」愛麗絲聽來像在努力思考中。

「當我讓一個詞做這麼一大堆事，」蛋頭先生說。「常常要為此付出額外的代價。」[43]

我們就以#cuckservative（綠帽保守派）爲例來看，因爲這是個合併詞，結合了「戴綠帽的」和「保守派」，而蛋頭先生聲稱是他發明了「兩個意義包裹在一個詞彙裡」的這種字。「戴綠帽的」，指稱妻子總是紅杏出牆的丈夫，傳統意義上來說是意志薄弱的，同時被妻子和取代他的小王騎在頭上。綠帽保守派，是指缺乏勇氣支持自身信念卻還自稱保守派的那種人，已經被自由主義騎在頭上，再也無法代表眞正的保守主義觀點。

43 出自路易斯·卡羅爾（Lewis Carroll）的《愛麗絲鏡中奇緣》（*Through the Looking Glass*, 1872）第六章。

這是個純粹貶義的詞彙，#RINO（Republican in Name Only：只有名義上是共和黨人）和 #whiteprivilege（白種特權）也是。至於 #intersectionality（多元交織），就比較像個戰鬥口號。它是一個論證的簡稱，起源於一個關鍵性洞見：隸屬一個以上被壓迫或邊緣化團體的人——比方說，黑人女同志——在那些社會支配力（social forces）的「多元交織」下，以特別強烈的方式體會到這種壓迫與邊緣化。用一個標籤來叫人注意「多元交織」，是要提醒大家留意這種變本加厲的狀況，但通常也有意去啓發那些隸屬各種被邊緣化團體的人，必須將他們的追求視爲一個共同使命（common cause）、鎖定在其經驗「相互交叉」的那些點上。

用一個標籤請大家來共同參與政治性行動，或唾棄某位政治人物，給人的感覺就像愛麗絲所說的：「這一個詞要表達的意思還眞夠多」，也可能令我們不禁想這麼說：社群媒體，尤其是推特，每篇推文一百四十字的限制鼓勵了這種誘惑。但其實我們一直都在對話中做這種事，只要和我們對話的對象是想法相仿的人，例如朋友、同事，或是我們有信心能使用同一套隱語、抱持相同態度的點頭之交。「不過是另一個綠帽保守派」，或是「好啦，各位，這就是所謂的多元交織」，是那種人們有可能在餐廳裡跟同桌友人說的閒聊話。

關鍵字用法的社會學是複雜而有趣的，而且不像局外人可能認爲的那樣無腦。這裡我想到一個很老的笑話：有個男人被送進監獄，發現他的難友們習慣對彼此說數字——「四！」「十七！」——然後笑得前仰後合。他問這是怎麼回事，他的隔壁鄰居解釋說他們靠著講笑話打發時間，但因爲他們在裡頭都待太久了，笑話庫存又有限，後來發現替這些笑話編號、想說時直接喊出號碼來比較省事。新囚犯覺得很合理，沉默一陣以後喊出：「十一！」但沒有半個人笑。他困惑地轉向他的鄰居，後者聳聳肩說：「問題在於你說的方式。」

就像這個笑話所揭示的，我們全都見識過一個社會團體的新成員在語言之中苦苦掙扎。他們花力氣去注意這個團體是怎樣對話，然後挑出幾個關鍵字，但是當他們試圖使用這些字彙，卻沒有得到預期中的回應。他們用的是經過認可的詞彙之一，使用的時機或脈絡卻不對。關鍵字的社會學裡有種古怪的音樂性元素，那是一種自己人之間發展出來的團體和諧，但新成員很容易錯過時機，或是唱走調。你要花點時間才能找到進入內部小圈圈的路，但社交上的音癡可能永遠沒辦法找對路，也許會永遠徘徊在團體邊緣，或被徹底排除在外。

另一種更折騰人的經驗是，當你使用屬於某團體的特色關鍵字（或是別人使用，你在一旁聽到），結果卻踩到另一個完全不同團體的大雷。這是重大的社交失算，但我猜大家多少都曾幹過這種事。有一次，我和我父親、他的一個朋友在一起。面對兩個典型到不能再典型的暴躁老頭，我要想辦法和他們聊天，於是決定引用羅許·林堡（Rush Limbaugh）的一段妙語（我個人雖然很受不了林堡，但有個超級保守派的朋友很喜歡他，最近才轉述這件軼事給我聽，而我父親儘管從來不談政治，但我猜想他應該會欣賞林堡那段話）。結果，我話一說出口，四周的空氣一沉——事實上可能只有幾秒，但感覺彷彿過了半小時——我父親點起一支菸，吸了一口再吐出，張口說：「林堡滿嘴屁話。」他的朋友答腔說：「沒錯。」

使用這種關鍵字本身沒有什麼錯——說真的，這些字眼是必要的。在人類彼此交流的任何場合裡，有些信念或立場會被視爲理所當然；我們不能也不需要在每個觀眾面前，從第一個原則開始論證，爲自己的每一個想法提出理由。**但關鍵字有種寄生蟲式的傾向：這些詞彙會進入心智，取代思考。**喬治．歐威爾（George Orwell）在他知名的〈政治與英國語言〉一文裡，將這種現象勾勒得栩栩如生，令人發毛：

當你看著講台上某個陳腐的御用文人機械式地重複那些熟悉的詞句——禽獸暴行、鐵蹄、血腥暴政、全世界的自由民族、並肩對抗等等——這時候你經常會有種古怪的感覺：你不是在盯著一個活人看，而是一具人偶。當光線照到講者的眼鏡上，使眼鏡變成某種空白碟子，後頭似乎看不到眼睛的時候，這種感覺會突然變得更加強烈。這不完全是異想天開。運用這種措辭的講者做了許多努力，把自己變成一台機器。他的喉頭冒出合宜的噪音，但他的大腦沒有參與；即使由他自己選擇遣詞用字，結果也會一樣。如果他的這番演講，是他習慣一再講述的，則他有可能幾乎沒意識到自己在說什麼，就像人們在教堂裡吐出不經思索的那些回應一樣。[44]

歐威爾的結論是，「這種被削弱的意識狀態，對政治上的服從來說若非不可或缺，

---

44 〈政治與英國語言〉(Politics and the English Language)收錄於歐威爾的《文集》(*Essays*, Everyman's Library, 2002)，pp. 962–63。這些文章首度刊行於一九四六年，第二次世界大戰剛結束之時，當時的政治局勢動盪不安、爭論不斷。

也是無論如何都比較有利的。」——或許我們可以再加上一句：同樣的道理，對社會上的服從來說也成立。

歐威爾稱之爲「被削弱的意識狀態」，是頗正確的事。讓我們再次借用康納曼的話來說，這就像是應該由系統二積極考慮的複雜問題，被轉換到自動運作的系統一去處理。你不禁會想，如果你把這個「陳腐的御用文人」丟到一間酒吧，買杯酒給他，要他辯護他的立場，他八成除了那些「熟悉的詞句」之外，根本沒別的話好說。就像霍布斯可能會說的，他把應該當成籌碼的東西當成金錢本身，而且當別人拒絕把這些東西當成法定貨幣，他根本不知道要怎麼辦。

譬喻的威力

這些關鍵字永遠是危險的，永遠有變成思想寄生蟲的威脅性，但某些最邪惡的勾當，是在它們以我們未認知到的譬喻形式下所犯下的。喬治・雷可夫（George Lakoff）與馬克・詹森（Mark Johnson）的開創性著作《我們賴以生存的譬喻》中，其中一個重大主題就是這個。在某個尤其重要的段落裡，他們探討了埋藏在我們平日對話裡最深的譬喻之一——將論證比喻爲一種交戰狀態——以及它所造成的後果。他們的舉例子如下：

你的主張是無法**防禦**的。

他**攻擊**我論證裡的每個弱點。

他的批評**正中標的**。

我**摧毀**了他的論證。

我跟他爭論時從來無法**取勝**。

> 如果你用那個戰略，他會完全殲滅你。
>
> 他把我所有的論證都擊落了。[45]

由於論證與戰爭之間的關連性認定實在太全面了，以至於當你企圖提出別的方法來思考論證爲何物——例如，**論證是一種達成相互理解的嘗試，是一種澄清我們觀點的手段**——肯定會有人指責你是優柔寡斷、性格軟弱的娘砲。

我們會如此堅定不移地固守「論證如戰爭」的概念，有部分是因爲普遍來說，人類對任何事都瘋狂地爭強好勝，同時也因爲在許多爭論中輸了是眞的有點嚴重，而最常因此受到威脅的就是社會性關連（social affiliation）。輸了一場論辯，可能會造成個人尷尬，但這也可能是一種指標，指出你站錯邊了，意味著你有需要找個新的內團體，或是學著跟馬克思主義者所謂的「虛假意識」(false consciousness)共處。菲普斯－羅普希望可以避免這種選擇，於是不再和大衛·阿比波聯絡，但如我們先前所見，她已經跨越了社交與智性上某個有去無回的轉捩點。

所以說，沒錯，論證有可能眞的是場戰爭，或至少是一種有可能輸掉的競賽。但這整件事還有另一個面向要考慮：重點不是我們在論證裡輸掉了什麼，而是我們被動地與那種軍事性譬喻串通而輸掉了什麼。因爲在許多情境下，我們在軍事化的討論與論辯中，失去了我們一部分的人性；**而當我們將自己的對話者非人化，也失去了我們一部分的人性**。如果人類對我們來說不再是人，只是我們想要剷除的

45 雷可夫與詹森，《我們賴以生存的譬喻》(*Metaphors We Live By*, University of Chicago Press, 2003, p. 37.)

那些立場的代表或傳聲筒，則我們在求勝的狂熱中，就犧牲了同理心。我們拒絕了理解他人欲望、原則和恐懼的機會。爲了在爭辯中「取勝」，付出這樣的代價實在很大。

如果我們更仔細檢視「論證如戰爭」的譬喻，就會看到它仰賴一種深埋在我們意識中的心理習慣：二分法。對於這種習慣，我所知的最佳（最精確、最細微）描述，出現在二十年前古生物暨演化理論學家史蒂芬・傑・古爾德（Stephen Jay Gould）一篇討論他所謂「科學戰爭」的文章裡（是的，又是這個譬喻）。這些「戰爭」讓古爾德所說的「實在論者」（realist）——「現役的科學家……支持科學知識的客觀與進步性本質」——和「相對主義者」彼此對抗，後者認爲科學不過是一種「社會建構」（social construction），所以「只是人類眾多信仰（belief）系統的其中一個選項」。46

古爾德所說的「相對主義者」可能會自稱「社會建構論者」，畢竟「相對主義」通常被視爲貶義詞，「社會建構」卻是一種造就事物的模式（我們正在「建構」中！）。至於實在論者——嗯，誰不喜歡被這樣稱呼呢，既然它把你放在現實的那一邊。所以，我們已經可以看出來，人用來描述自己的詞彙就像霍布斯說的一樣，變成了一種貨幣，而且也是一種讓那些不同意見者更徹底變成「他者」的方法。用這種對立的方式列出種種定義，自然會覺得軍事化譬喻看起來是最精準的描述。

「科學戰爭」就這麼開打了。但對古爾德來說顯而易見的是，科學雖然的確是一

46 古爾德（Stephen Jay Gould），〈重建一種舊模型以解構「科學戰爭」〉（Deconstructing the 'Science Wars' by Reconstructing an Old Mold），發表於《科學》雜誌 287 期（*Science* 287, January 14, 2000: 253–61）。

組「嵌入文化中」的實踐，卻也是一套取得自然界相關眞理的可靠手段。如果他只說到這裡，就會淪爲另一種不思考典型的犧牲品。在這種典型裡，會有人抗議大喊：「這不是『非此即彼』，而是『兩者皆是』！」然後滿足地拍拍屁股走人。

對古爾德來說，智性工作的眞正起點，在於理解到「我們基於那些看起來超越文化特殊性、而且可能深埋在人類心靈內部的動機，建構出那些敘述性分類學，並將我們的解釋性敘事處理成各種二分狀態，或是具有內在獨特性、邏輯上彼此相反之選項間的對比。」也就是說，我們具有一種內建的強烈傾向，想朝著二分法發展——然而，我們不是非得遵從這種傾向。一旦你明白這種二分化和軍事化思考傾向並非只是一個局部現象（只附屬於這個或那個特例），而是一個範本——反映出「我們更深刻的錯誤：將人類衝突與自然連續體（natural continua）的複雜性，套入我們內建的系統以語言分析成嚴峻的對比，系統化地解釋爲對立兩方之間的鬥爭」——你的工作並非到此爲止，反而是要就此展開一項任務：接下來你必須試著找出，這些非二分的力量是如何彼此牽動和運作的。

在古爾德的例子裡，如果科學實踐既是社會建構，也可以領導我們通往關於世界的眞理，你要怎麼分辨哪些是眞正可以幫助我們理解事物的做法，哪些又令我們誤入歧途？這是我們在第三章討論過的成見與偏見的另一個版本，在此讓我們用稍微不同的方式來面對這個問題。我們該如何分辨可以幫助我們理解事實的眞理成見，以及滋生誤解的虛假成見？這是格外困難的事。那些樂天的「兩者皆是」主張者不懂這樣的事。

所以，每當有人這麼說，「他們講的其實是同一件事，只是用了不同的字彙來表達」，或者「我們全都相信一樣的神，只是用不同方式來表達這個信念」，或許我們有某些正當理由來稱讚這些人嘗試克服衝突、二分法和戰爭式的論證。但我們必須再往下說：這種嘗試是膚淺的。真正的故事更複雜得多，而且不能用虛構的團結來取代同樣不真實的兩極化。當然，有和平使者是我們眾人的福氣，但和談是一種漫長辛苦的勞動，不只是一種宣言。

這種陽光普照、「我們都有共識」的樂觀主義，其對立面是陰鬱的、「我們永遠不可能同意彼此」的悲觀主義。偉大的十九世紀作家席尼．史密斯（Sydney Smith）有一次步行穿過倫敦的一條窄巷，看到上頭約兩層樓高之處有兩個女人靠在各自的窗前，隔著建築物之間的間隙對彼此叫吼。「那兩個女人永遠不可能同意對方的話。」他說。

「她們是根據不同的前提在爭論。」[47]文學暨法學理論家史丹利・費許（Stanley Fish）經常陳述的觀點是，每當我們對彼此有異議時，我們是從彼此對立的不同前提出發。於是，在二〇一六年六月他接受倫敦《衛報》的訪問中，他提到了美國奧蘭多「脈動」夜總會（the Pulse club in Orlando）濫殺案馬上引起兩種截然不同的陳述：「其中一方，以《紐約日報》（*New York Daily News*）爲例，該報指稱凶手是美國來福槍協會（National Rifle Association），幾乎等同於指責是來福槍協會扣下扳機……而在另一方，對《紐約郵報》（*New York Post*）來說，這個事件是ＩＳＩＳ與美國長年戰爭的又一回合。」這些說詞彼此之間毫無交集。

---

47 引用自赫斯凱斯・皮爾森（Hesketh Pearson），《史密斯中的史密斯》（*The Smith of Smiths*, Hogarth Press, 1934）。

費許指出，對於許多陰謀論社群（例如相信納粹大屠殺猶太人從未發生，或者詹森總統是甘迺迪遇刺案幕後主謀的那些人）來說，事情正是如此。「問題是，『你能夠提供這些人一組事實，讓他們拋棄我們認為很古怪的觀點嗎？』」費許說。「答案是不能，因為所有全心相信某個故事的人都能拿出一組反證，從符合他們相信的角度擋回去。」[48]

我大段引用這個例子，是因爲費許值得公平的對待，而且他的論點很強有力。不過，這個論點實際上是從精算的角度上來說很強（連風險都計算進去了），卻沒考慮到人在面對困難處境時的韌性。的確，大多數人不會改變他們的心意。然而，就像我們在本書裡反覆看到的，有些人是會改變的——他們確實從不同的角度去看事情了。這是很驚人又振奮人心的事。

至此，我們已經討論過關鍵字是如何宰制譬喻和它導致的後果（「我們賴以生存的譬喻」），以及這些譬喻如何做了海量的地下工作，以我們通常沒察覺到的方式引導我們對他人的反應。我們也已經明白，這些譬喻可以掌握到人類處境中的某些真相——在爭論之中，有些事真的會被忽略——但它們不可能在廣泛運用之後，不傷及我們彼此的關係。現在，該把我們的診斷往下一步推進了。

48 〈史丹利．費許論我們為何不可能與川普支持者爭論〉(Stanley Fish on the Impossibility of Arguing with Trump Supporters)，二〇一六年七月二十二日：https://www.theguardian.com/books/2016/jul/22/stanley-fish-donald-trump-winning-arguments-2016-election.

雷可夫與詹森寫了《我們賴以生存的譬喻》，而我喜歡將哲學家瑪莉．密潔理（Mary Midgley）所寫的《我們賴以生存的神話》當成和它相輔相成的讀物，雖然這並非她的本意。密潔理是這樣帶入她的主題：

神話不是謊言。神話也不是分離斷裂的故事。它們是人類想像出來的模式，由強有力的象徵所構成的網絡，指出詮釋世界的種種特別方式。神話塑造出世界的意義。

舉例來說，十七世紀開始滲透我們思維之中的機械圖像，直到今天仍很有影響力。我們依然經常傾向於將自己與身邊的活物視為發條裝置零件，而且是我們自己就可以製造的那種零件；當重新製造它們會更有利，我們就會這麼做，於是出現了「基因工程」、「生命的積木」這種充滿信心的語言。[49]

就像雷可夫和詹森揭露了我們使用譬喻時甚至不知道它們是譬喻，密潔理也揭示了：雖然我們仰賴神話——其實，神話是從譬喻編織出來的故事——卻不知道它們是神話。有機生物實際上沒有「積木」。同樣地，儘管許多電腦科學家、神經科學家、哲學家會告訴你人腦即電腦，事實上並非如此。正如心理學家羅伯特・艾普斯坦（Robert Epstein）最近所寫的，人類不是生來就具有那些本來是電腦專屬的特徵，

49 瑪莉・密潔理（Mary Midgley），《我們賴以生存的神話》（*Myths We Live By*, Routledge, 2004），p. 1。

諸如：「訊息、資料、規則、軟體、知識、語彙、顯示、演算法、程式、模型、記憶體、影像、處理器、子程式、編碼器、解碼器、符號或緩衝區」。50

我們選擇（更有可能是繼承）的神話，替我們做了極大量的智性舉重工作。這些神話替我們思考，威力更勝於歐威爾筆下「講台上某個陳腐的御用文人」口中的空洞字句。我們少不了這些神話。類比是思考的固有特質，我們總是免不了努力想靠著我們已知的事物來理解另一樣事物（當我們稱呼這個過程爲「觀念的聯想／聯合」（association of ideas）——來自社交與社會的聯合——這意味我們正在參與這樣的神話製造，把觀念當成是一個個小社群……你看出來了嗎？），而且每一個類比都有幫助。然而，也正如同肯尼斯．柏克提醒過我們的，當類比可以將我們的注意力引向一方，它當然也可以把我們的注意力從其他事物上引開。將大腦想成一台電腦，就是忽略它的生化特徵和具體形態——而這樣的譬喻在鼓勵我們相信人類對大腦的了解比實際上來得多。

最危險的譬喻，是那些再也看不出是譬喻的譬喻。而對許多人來說，這個「大腦與電腦之間的類比」已經達到危險的極端了：他們不是認爲**大腦像電腦**，而是認爲**大腦就是電腦**（有人說是「肉做的電腦」）。這種狀況發生時，我們的處境很不妙，因爲那些濾網成了永久植入的東西，我們不再有能力把注意力導向那些先前忽略的

50 羅伯特．艾普斯坦（Robert Epstein），〈空虛的大腦〉（The Empty Brain），收錄於數位雜誌《萬古》（*Aeon*）：https://aeon.co/essays /your-brain-does-not-process-information-and-it-is-not-a-computer. 艾普斯坦接著寫道：「我們不**儲存**（**store**）文字，或**儲存**那些告訴我們如何操縱文字的規則。我們不創造視覺**顯示**（**representation**）圖像、將之**儲存**於短期記憶緩衝區，最後再**傳送**（**transfer**）到某個長期記憶設備裡。我們不從記憶暫存器**重新提取**（**retrieve**）資訊、影像或文字。電腦會做上述所有的事，但生物並非如此。」

現實元素。最後，讓我們再來看一個令人心神不寧的例子：在近代的早期階段，人們普遍相信動物其實是機械體，或者（用那個時代的詞彙來說）是一種「自動機器」（automata）。在某位十八世紀女士的筆下，動物是「由神意準確無誤的手來啓動」，以實現造物主神祕難測之目的。所以，當你出手打一隻動物、牠因此叫出聲，其實牠並未感覺到痛——痛楚是保留給人類獨有的。也就是說，一項行動只是製造出一種已預先設定好的反應，就好像你按下按鈕、讓門鈴響起一樣。所以，人類不必擔心虐待動物的問題；人類實際上「不可能」虐待他們。[51]

如果你承受得了，想一想這個「自動機器」理論的必然結果是什麼。這就是我們創造的神話所具備的威力。

所以，到目前爲止的故事如下：爲了尋求社會歸屬感，以及在心性相似者的面前讓我們可以取道輕鬆的捷徑，我們開始仰賴關鍵字，然後是譬喻，再來是神話——而在這當中的每一個階段，那些抑制我們思考能力的習慣，都在我們體內變得更根深蒂固。我們只能期待還有些策略可以運用，以抵銷那些習慣的力量，並發展出更好的新習慣。

「換句話說」的荒謬

我們在尋求這些更好的新習慣時，同時也要容忍那些我們免不了的缺陷。正如康納曼和他的研究夥伴特沃斯基所提醒的，要求我們遵循一種人類無法駕馭的客觀

51 參見基斯．湯瑪斯（Keith Thomas），《人與自然世界：現代感性史》（*Man and the Natural World: A History of the Modern Sensibility*, Pantheon, 1983），特別是第四章。

理性標準，我們反而會一事無成。而爲了駕馭網路帶給我們生活的那一條意見消防水帶，配備以現成零件組裝而成的龐大語言機器，有可能是必要的。不過，儘管表面上看起來尺寸很驚人，我們的神話機器其實比它外表給人的感覺還要細膩，而且，此一我們不自知的事實促使我們用不太公平的方式來處理別人的神話機器，比方說，我所知最常見、卻也最沒說服力的策略之一——我稱之爲「換句話說」。

我們每天都會看到這一招。有人提出了一個論證——在一篇部落格貼文或專欄文章裡——然後有某個人回應：「換句話說，你的意思是……」結果，**在換句話說的時候**，這個論證免不了被揭露是空洞或邪惡的。

毫無疑問，作家們可以閃爍其詞，來指稱或暗示他們不敢直說的事。我先前提到的那篇歐威爾文章〈政治與英國語言〉，說的就是這件事。[52]但很常見的是（其實是常見到令人震驚），人們用來歸納對手論證的「換句話說」，在非常大的程度上扭曲了論證，或甚至顛倒其論證。

推特上的版本或許還更糟。它們會這樣起頭：「短版的大衛・布魯克斯」、「短版的教宗方濟各」，或其他任何被檢視的對象，接著是一個冒號，再加上一句精簡到可謂荒謬的話。那不是該位人士真正說過的話，只是那位發文者信心十足認定對方是

---

52 歐威爾，〈政治與英國語言〉（Politics and the English Language）：「你可以逃避（清楚表達的麻煩），只要放空、讓現成的措辭蜂擁而入就好。它們自動會建構句子——甚至替你思考，到一定的程度——有需要的時候，它們會做到很重要的服務：幫你隱藏你一部分的意思，連你自己都沒發現。」（p. 962）

那個意思。

這種事和紮稻草人差不多。稻草人的愚蠢是顯而易見到的，也沒有人眞的那樣主張，但反駁荒謬的稻草人論證，比反駁某人眞正說的論證容易些，所以那個稻草人就燒起來了。紮稻草人是「換句話說」的一個版本。但也有可能，把某人的論證「換句話說」，不是想讓該主張者看來像是抱著那些過度簡化的觀點，而是爲了指陳他抱持的觀點等同於你的對手：你的外團體。53

「換句話說」是個很糟、很糟的習慣，但任何想抗拒這一招的人也有可能無法倖免（我要重申下面這一點，在我們這趟探索中也應該全程牢記它：許多人不想避免「換句話說」，反而想用它來贏得政治、社會或宗教上的戰役。我也要再說一次：這本書不是給這樣的人讀的）。

羅賓・史隆（Robin Sloan）是《二十四小時神祕書店》（*Mr. Penumbra's 24-Hour Bookstore*）這本絕妙小說的作者。他曾經描述過自己出席恆今基金會（Long Now Foundation）贊助的辯論活動的經驗。該辯論的形式讓他吃了一驚，表示它「完全不

---

53 有個和「換句話說」關連緊密的現象可以稱之為「滑坡論證」。若「換句話說」的使用者譴責你不是因為你說的話，而是因為他堅信你真正的意思是另一回事，「滑坡論證」的使用者則是說，如果你為A辯護、讓A過關以後，A會導致B，B會導致C，然後這樣一路導致Z。當你說你反對讓用藥者入獄服刑，狂熱的滑坡論證使用者就會問你，為什麼贊成讓嬰兒染上毒癮——因為說到底，如果不嚴懲用藥者，就會有更多人用藥，當中包括懷孕的母親等等。這種謬誤夠常見，所以可能值得特別用一整章來討論，但我覺得這種論證就是「換句話說」的盟友，因為此論證把人的注意力從你所說的話，轉移到頂多只能算是與你的言論有遙遠關係的話上（在此容我迂腐地展現一下學院對精準性的要求：我們總是說「觀念的滑坡效應」，但這其實比較像骨牌倒下，因為爭論中的每一點都是不連續的）。

同於電視新聞節目裡的捉對廝殺，或選舉季的辯論。」

> 兩位辯士分別是愛麗絲和鮑伯。愛麗絲站上講台，提出她的論證，然後鮑伯取代她的位置，但在他能提出他的反論證以前，他必須先概述愛麗絲的論證，講到她滿意為止——這是尊重與誠意的展現。只有在愛麗絲同意鮑伯已經正確掌握她的論證了，他才得以進行他自己的論證——然後，等他結束後，就換愛麗絲概述他的論證到他滿意為止。[54]

史隆這麼說：「第一次看到這種辯論的時候，令我覺得大開眼界。」這種做法並非恆今基金會獨有的。比方說，麗雅・黎布芮絲科所屬的辯論次文化，就具有共通的特性（見第二章）。不過，史隆很訝異看到這種辯論實際發生，因爲它在「論證如戰爭」的世界裡極其罕見。而在史隆開始拆解這種辯論模式的隱含意義時，他進入了很深的水域。他指出，遵循這種模式進行的寫作，對於那些抱持「我們—他們」、「贏家—輸家」這種二分法模式的人來說，是極其危險的事：

> 這種寫作方式很危險，因為它超出了（純）論證的層次，變成沉浸在其

---

54 史隆的貼文名為〈# 玩家門事件的鋼鐵人〉(The Steel Man of #gamergate: https://medium.com/message/the-steel-man-of-gamergate-7019d86dd5f5#.fgow0vsr6.）「鋼鐵人」是稻草人的反面。史隆是從查納．梅辛格（Chana Messinger）那裡借用這個詞，後者將這個詞定義為「他人論證的最佳形式，就算他們提出的並不是這一個」。

中，變成方法演技，變成雙重開機。為了使你的論證夠強健，你必須讓對手的論證更強。你需要敏銳的思維、有說服力的語言，但你同時也需要密切的關注與深刻的同理。我無意說得太空靈飄渺，但我說真的，你會需要「有愛」才可能做到。它給人的感覺，整體來說，更接近關懷照顧，而非表現博學。

要指出這個重點卻不顯得「空靈飄渺」，是很困難的事，但除此之外的選項光是去想就令人沮喪。

讓我把史隆在恆今基金會辯論中所看到的，跟我自己的經驗作個對比。我是有英國國教傳統背景的基督徒，而國教派教徒在過去十五年左右的時間裡，一直是個一觸即發的憤怒部落，大半原因出在和性有關的議題，特別是同性戀議題。有一天，我正在瀏覽某國教派信徒的部落格，剛好看到一篇對於當時的坎特伯利大主教羅溫・威廉斯（Rowan Williams）的激烈譴責。作者的論點是，國教派內支持同志的觀點崛起大半要怪威廉斯；除此之外，威廉斯採取這些無可接受的「反《聖經》」性別立場，是因爲他根本不相信《聖經》，沒有站在正統的神學立場，有可能甚至不信神。我認爲這是一組非常粗暴的斷言，並且爲威廉斯的正統性辯護，儘管對於他在性方面的神學立場，我頂多只能說是反對贊成各占一半。針對這篇文章，不用多久我就得出一連串結論，包括這位作者本身展現出差勁的邏輯和錯誤的信念，並且頗爲詳盡地推敲出他眞正主張、卻沒那個勇氣和誠實明講出來的觀點。但接著，就在我肯定可以將他的立場與人格都徹底打個體無完膚的當下，我停手了。

我停手，不是因為我領悟到我正在跟他們當中最糟的一夥人「換句話說」。我停手，不是因為我領悟到我把辯論當成戰爭，並極端急於求勝。我停手，是因為我雙手抖得太厲害，根本沒辦法好好打字。我就是那麼憤怒，所以必須「等個五分鐘再說」。我別無選擇。而就在被迫休息的時候，我確實開始領悟到自己在幹什麼了——我領悟到自己變成了什麼。我沒有拿出「密切的關注與深刻的同理」，而「關懷」從不曾出現在我的感受中。當時，那個人很可能也沒抱持著上述的任何美德，但他不在我的控制範圍內。我有我自己的問題，是我必須處理的。於是我刪掉我正在寫的留言，關掉電腦走開。從那之後，我再也不曾在國教派信徒的部落格上留言了。

方法演技與雙重開機

羅賓·史隆那篇關於恆今基金會辯論的貼文，將這一章（說實話，是這整本書）的許多主題拉攏在一起。我現在想再多談一些他提到的兩個譬喻。

第一個是「方法演技」(method acting)。方法演技的演員，會設法變成他要扮演的角色，努力深入那種不屬於自己的感受性裡。但在某種程度上說，方法演技——或許所有的表演都是如此——可以讓人看到那種感性畢竟不完全那麼迥異於自己。我的朋友馬克・路易斯(Mark Lewis)是位演員兼長年的表演老師。他告訴他的學生，扮演一個眞正卑鄙的角色、說出並做出眞正造就這個角色的卑鄙之事時，關鍵在於：領悟到在不同的環境下，你有可能就是那個人。同樣地，改變蘇聯作家暨異議份子索忍尼辛一生的關鍵事件，出現在他入獄時。當他注視著虐待他的警衛，他領悟到要是他們的環境對調，要是他因爲命運的擺布而成爲一名警衛，他也會虐待囚犯。索忍尼辛就像個方法演技派的演員，**把自己投射到另一個人的生命裡，發現彼此具備的共通點比他願意相信的還要來得多**。

史隆的第二個譬喻是「雙重開機」(dual booting)，這意味著有兩套作業系統(就假設是Windows和Linux吧)，同時安裝在一台電腦上，所以你可以在兩者中任一作業系統下使用這台電腦。如果你這麼做，並交替使用兩套系統，**你會學到你在其中一個系統上能做的事，大部分也都能在另一個系統上做到，雖然用的是不同的技術、不同的風格**。你雖不至於到頭來認爲兩邊是一樣的，但也不會將兩者視爲彼此完全水火不容的做事方式。在來回切換一陣子之後，你可能會發現其中一個在哲理上或實務上優於另一個，但那個你比較不愛的系統，對你來說也不至於完全格格不入。有必要的話，你可以生活在那個世界裡，即使你不是很想。

而我們應該注意到，唯有採取一種徹底避免「立即進入反駁模式」的行爲形態，才有可能使這一切發生。它是「等個五分鐘再說」規則的一個聰明轉折：你可以馬上說話，但你必須說出另一個人的想法是什麼，並在那段時間內放棄宣揚自己的主張。常有人說，在你學一種外語時，直到你能用這種語言思考之前，你都稱不上精通這門語言。也就是說，你要在這個語言之內去感知世界，而在這個語言之中，世界看起來、感覺起來都和在你的母語裡不同。類似的事也會發生在你試著使用別人的字彙時：當你從那種描述世界的模式內部來體驗世界，搭配的是一組新的「詞彙濾網」，你會發現：某些你以前看得到的東西從眼前消失了，在此同時，某些新的、不同的事物突然間變得清楚可見。

此外，如果照另一個常見的說法所講的，「在你學習另一種語言之前，你不會完全了解自己的母語有什麼樣的資源和傾向」，同樣的道理在道德與政治語言上肯定也屬實。用這種更複雜又沒那麼二分的方式——它會提升同理心、甚至是愛，雖然聽起來可能很「空靈飄渺」──來體驗世界，就是給你自己一個思考的機會，藉此鬆綁你心頭的那些關鍵字、譬喻與神話。當你這麼做，是讓它們從「傻瓜的金錢」降級，變成可供善用的籌碼──智者的籌碼。

這樣做可能也讓你損失幾個朋友，但我們晚一點再來處理這令人不快的可能性。

第五章　危險的日常分類學

統合不等於團結：分裂的價值

生物學中，分類學是生物的分類方法研究。我們有需要將生物分門別類，以便用更清楚的方式思索、理解牠們。對我們來說，生物就是多到一個令人髮指的地步，不這麼做我們無法作業。但生物應該怎麼做分類，並不總是顯而易見的。有翅膀的生物全都該歸爲同一類嗎？有兩條腿的呢？但鳥又該怎麼說，牠們有翅膀又有兩條腿喔？算我們走運，分類學的開山祖師是亞里斯多德。他雖然不完美，處理這些事的時候卻比大多數人更有系統、也更明智。

但就算我們對於最佳分類系統爲何有普遍共識——從十八世紀的林奈（Linnaeus）以來，生物學家之間就多少具有這樣的共識了——分類學的問題仍幾乎沒有解決。問題之一是，我們很難知道何時該把某物放進既有的範疇裡，什麼時候又要開闢新類別。達爾文常常思考這個問題，並曾在一封信裡表示，分類學家通常對於要走哪個方向有很強的傾向性。那些喜歡把生物體放入既有範疇的分類學家，達爾文稱之爲「統合派」（lumpers）；喜歡創造新範疇的人，被他稱爲「分裂派」（splitters）。

這些思考不只對生物學具有意義，對日常生活也很重要，因爲我們全都是根深蒂固的分類學家，在過日子的同時也不斷在瘋狂地統合與分裂。我們傾向於根據捷徑思考法（減輕認知功能負荷的簡化策略）來做分類。在本書前面的部分，我已經討論過這個做法，包括點名內團體和外團體、使用關鍵字等等。前一章提到的標籤（#綠帽保守派、#白種特權）在本質上就是臨時湊合的分類、即刻的分類法。

整體來說，我們的文化是統合派的。也許所有文化都是。若眞是如此，我認爲理由有兩個。

首先，我們的心智永遠需要分門別類，將有價值的和價值較低的、有用的和沒用的物件區分開來——而在訊息過載的狀態下，我們開始找理由來排除事物。例如那些煩惱的大學招生負責人，他們要面對多到不可能細心去閱讀的申請信，當中大多數看起來都跟別人差不多，所以這些負責人只需要一點資訊——例如GPA（高中所有課程成績的平均數）有點過低、該陳述「課外活動」的地方出現空白、文法有點問題的自薦信——就可以他們覺得有權寫拒絕信了，然後往下繼續審查其他申請者。就連那些沒被立刻拒絕的人也會被分門別類，分類方式可能會讓申請者覺得有點（或非常）不受尊重。舉例來說，最常見的註腳LBB，意思是「大器晚成型」（Late-Blooming Boy）。就算從某種意義上來說我是這樣的人，也還是不希望自己被丟進那一堆人裡。

有時候，分門別類的需要，不只是關乎將某物（某人）劃進來或分出去，而是關乎決定接下來要做的事（如果有的話）：該怎麼投資有限的資源。舉例來說，在醫院裡，一個外表看來可能有些異常的新生兒，他的病歷表上可能會有個註記：FLK（Funny-Looking Kid，「看起來怪怪的孩子」）；一個維生器官在衰竭中的老婦人是CTD（Circling the Drain，「水溝口的漩渦」，意思是病患就像水槽口成漩渦狀往下流的水，快流光了，狀況不斷惡化）；在病房裡死去的人是「解送出院」（discharged up）；又或者是「轉送ECU」（Eternal Care Unit，永久照護病房，是加護病房（Intensive Care Unit）的仿擬）。

醫護人員作出這些乍看之下很冷血的評斷，因爲他們的時間經常很不夠用。醫生和護士就是沒有辦法稍停下來、從全方位的角度來考慮相關者，否則他們會被壓垮。對於各種風險有全面的覺察，是很重要的事——它當然很重要，醫護人員全都很清楚這種價值——但他們讓這種意識保持在一定距離之外，因爲它不適用他們當下所處的脈絡。更確切來說，這種意識可能會妨礙他們做必要之事的能力。

我們時時刻刻都在使用這些捷徑思考法、簡化策略。我們只是不喜歡別人把這些方法用在我們身上。我們不想讓自己的生命被概括成一個首字母略稱，或是讓我們的死亡變成一個反諷的笑話。事情就是這麼矛盾。我們不希望自己的獨特、自我被破壞或忽略。還記得我小時候參加過一場足球練習賽，比賽當中我有個朋友嘴唇被撞破了。他用手指摸摸嘴巴，再拿開手指，接著吐出一個字：「血。」——然後彷彿突然領悟到什麼似的，他補上一句：「我的血欸！」

統合與團結

統合對於資訊管理來說是很強有力的策略，而爲了對我們的選項有所控制，不得不付出某個代價：濾除一定程度的個體性。不過，統合也可能是因爲另一種極端不同的理由——事實上，幾乎是完全相反的理由——變成一種令人滿意的「包容」策略。比方說，過去半世紀以來美國男女同志平權運動的崛起。起初，大家講的是女同志（lesbian）和男同志（gay）共同的利益，然後有人問：「那雙性戀者（bisexaul）呢？」接著又有別人說：「你們忘記跨性別者（transgenders）了。」之後又有別人說：「但我們當中有些人比較喜歡自稱酷兒（queer）。」於是出現了這個首字母略稱：LGBTQ。

當然，這還沒完。今天，有強烈的呼聲要求將它改爲LGBTQIA，這樣社群裡才有空間容納自認爲是「雙性人」（intersex）和「無性戀者」（asexual）的人。還有人提出過其他的附加項目，但我想說的重點是，這些首字母略稱是典型的例子，顯示統合不是爲了敷衍打發或是排除，而是爲了團結，爲了打造共同的理想。在「LGBTQIA社群」這個觀念背後，隱含的論證大致如下：「在大多數面向上，我們可能是有高度歧異性的一群人，但在一個重大面向上，我們是一體的：我們的性向在主流文化裡沒有受到公平或尊重的對待。」

然而，每次在團結性的統合發生時——這種現象在許多不同的脈絡下都會發生（我本來也可以選擇以某個跨宗教組織爲例，而這一類的組織數量很多）——該聯合體其實很脆弱，始終面臨著解體的威脅。某些女性主義者會說，跨性別女子不知道身爲女性的眞正感覺，因爲她們一直享受著男性特權，直到她們選擇變性爲止；而在自稱酷兒的人眼中，雙性戀者總是保留著一扇通往「正常性」的門；諸如此類的說法還有許多。此外，也有人會質疑，性向的範疇在此是否爲唯一要緊的事。黑人女同志有可能提出（確實也有人提過），起於性向問題的團結並沒有把種族差異變不見。

政治與社會保守派傾向於拿這種事開玩笑：「哈哈，革命要自爆囉！」——但其實他們自己的分類範疇也一樣脆弱，正如川普競選總統時的情況所揭露的。所有的社會分類法都容易受到結盟與拆夥、集結與解散的力量所影響，因爲社會分類全都是暫時而偶然的（截然不同於生物分類），而且經常是由對立創造出來的。受制於同一類勢力、同一批當權派的不同組群，某天發現他們突然變成了「一團」，有時候連他們自己都覺得驚訝又不舒服，比方說納粹德國統治下的同志與猶太人。在LGBTQIA（可能多一兩個或少一兩個字母）這面旗幟下聚集的各路人馬，是爲了應對他們所謂的「異性戀規範性」（heteronormativity）而集結。但是當異性戀變得沒有那麼堅持規範性之後，情況又會如何呢？近年來我們已經看到一個答案浮現了：有些人開始質疑這個聯盟的效力，於是，首字母略稱裡的幾個字母被拿下，或這整個計畫（主要依性向將人分門別類）招致質疑。

喬治・歐威爾的偉大寓言《動物農莊》（*Animal Farm*），書名來自動物反抗人類宰制的叛變行動。團結是牠們最重大的律法，是牠們的最高原則；動物們統合爲一個綜合性範疇，人類則被牠們劃入另一範疇，藉此取得享有自由的力量，與人類抗衡。就這樣，牠們的決定性宣言出現了：「所有動物都是平等的。」但隨著豬漸漸取得主導地位，這個宣言加上了那個知名的增修句：「所有動物都是平等的，但某些動物比其他動物更平等。」到了最後，豬群和人類爲了共同控制農場而協商，「牲口們」——所有的其他動物——「看看豬又看看人，看看人又看看豬，然後再看看豬又看看人，卻已不可能分辨誰是誰了。」結果，這裡眞正重大的分類對立，不是在人與動物之間，而是在掌權者與無權力者之間。

「誰對誰？」的重要問題

列寧——歐威爾在《動物農莊》裡嘲諷、在其他文章裡譴責的對象——明白一件重要的事。他問了這個問題：「誰對誰？」（Kto kovo?）。這個問題具有普遍的相關性，我們在任何處境下都可以問：誰控制誰？誰宰制誰？採用這樣的分類，誰從中得利？——以及，誰因此被犧牲？

從這種角度，我們可以看到：創造社會分類是前一章裡談過的神話製造行爲之一種形式。我們不能沒有譬喻和神話，同樣地，我們也不能沒有社會分類，畢竟這世上的人實在太多了。但我們絕對必須記得這些分類是一時的、臨時性的智性架構，不會永遠具有像今天一樣的（或是看起來的）重要性。

當然，有些人一輩子都受到這些分類法的宰制，而我們有需要找出一種應對這些分類法的特定態度。這裡讓我們以約翰·C·卡胡恩（John C. Calhoun），以及耶魯大學以他的名字爲學院命名一事爲例來探討。爲什麼在愛德華·哈克尼斯（Edward Harkness）給耶魯一大筆錢蓋住宿學院的時候，校方決定用其中一棟學院來紀念約翰·C·卡胡恩這樣一位熱切的奴隸制度支持者？可能他們的想法僅及於此：卡胡恩是耶魯畢業生，後來成爲很有權勢與影響力的知名參議員，還當上某一任的美國副總統。知名度比他高的耶魯畢業生不多。

而且，在一九三三年卡胡恩學院成立時，以及隨後的數十年裡，大多數人都相信卡胡恩是一位美國偉人。事實上，一九五七年有個委員會（主席是一位年輕參議員：約翰・甘迺迪）點名卡胡恩爲美國歷史上最偉大的五位參議員之一。於是，甚至在「布朗對托皮卡教育局訴訟案」（*Brown vs. Board of Education*）之後、在民權運動時代的初期，美國政府的有力人士中，幾乎沒什麼人覺得卡胡恩對於蓄奴的支持很有問題，實在不夠格被尊爲數一數二的偉大參議員。或許他們是這麼想的：喔，這是沒辦法的事，那時代的人不是眞的很清楚怎麼做比較對。

不過，我認爲我們有需要作出一個重大區別：有些人抱持或容忍我們現在相信有深刻錯誤的觀點，純粹只是因爲這種觀點在當時很常見；但有些人是這種觀點的建構者和鼓吹者。這兩者有所不同。數百萬蘇聯共產黨員和納粹黨員今天已經普遍受到人類社會的寬恕，但曾經以阿道夫・希特勒之名命名的地方都改名了，就像史達林格勒與列寧格勒也都改名了。

同樣地，有些人原諒瑪格麗特・桑格（Margaret Sanger）支持優生學，以爲那只是她所處時空之下的產物，但我會這麼說：桑格不是像某些人所主張的「只是抱持優生學觀念」，她也是美國最熱心、廣受尊崇的優生學觀念鼓吹者之一。桑格那樣無窮無盡、不眠不休又非常成功地鼓吹某些非常糟糕的信念與做法，使她不同於其他剛好「抱持優生學觀念」的人。

如果把同樣的邏輯套用到約翰・C・卡胡恩身上，結果也不太妙。卡胡恩不只是接受奴隸制度，他還是他那個時代裡獨一無二、最熱切也最有影響力的蓄奴制度鼓吹者。他相信奴隸制度是一種「積極善」，抱怨「廢除派的可怕精神」，還稱呼那些相信奴隸制度有罪的人是「社會中的狂熱份子」、想在那些「無知、軟弱、年輕和思慮不周的人」身上施行他們傷天害理的「手術」。

簡而言之，卡胡恩奉獻他的一生，論證支持並在政治上實踐一種分類法：徹底區隔自由的優越白人和被奴役的劣等黑人。桑格為了那套有資格繁衍後代、不配繁衍後代的二元對立，也做了同樣的事。卡胡恩與桑格，不只是抱持一種我們現在覺得糟糕的舊時代觀點。他們是主張這些觀點。他們的公共生活重心，就是在於強化這些分類法，以及分類法底下的有害迷思。

探究這些塑造出我們社會之過去與現在的統合方式時，對於那些只是承襲自身時代主流分類法的人，我相信我們應該作出善意的解釋。但對於像卡胡恩、桑格這樣的人——他們強力推行自己屬意的社會分類，讓這些區分被寫入法律、淵遠流長——我們不該那麼有耐心。這種人的危險性無遠弗屆。爲了擁有健全的公共生活，我們有需要對統合的說服力心生警惕。見識過統合是以什麼樣的方式幫助我們處理資訊過載、凝聚團體之後，我們應該開始察覺到統合對我們——我們所有人——造成的誘惑。

分裂的價值

所以在這一章的尾聲，我想要頌揚分裂來作總結，頌揚一種經過訓練、具有原則的優先考量：只要辨識出有分類範疇在背後運作，就予以拒絕。這裡我要再次強調，這不是說我們可以在沒有分類的狀況下過日子，而是說**我們需要培養懷疑主義，以此作為第一個反應**。雖然團體的凝聚與團結對於幾乎所有人來說都具有這樣或那樣的重要性——內部小圈圈和眞正的成員資格，都是這種東西構成的——

但在某個很基礎的層面上，誠如桃樂絲．榭爾絲（Dorothy Sayers）所寫的，「對每一個**人類**來說都很倒胃口的事，是永遠被當成某個階級的成員，而不是一個獨立的人。」這裡的關鍵字是**永遠**。「被當成某個階級的成員」有時候很有用，也經常很必要，但是被視爲全面適用的慣例時，就是令人難以忍受的冒犯。

這些話出自一篇出色又有趣的文章，名爲〈女人是人嗎？〉，而在這篇文章的其他地方，榭爾絲寫道：

> 那些倡導女性接受大學教育的先驅要求允許婦女進入大學的時候，下面這種反應立即升高：「為什麼女人得要知道關於亞里斯多德的事呢？」答案不是女人知道亞里斯多德之後會變得更好……而只是很單

純的：「重點不是女人作為一個階級想要什麼。問題在於，『我』想要知道亞里斯多德的事。的確，大多數女人根本不在意他，還有許許多多男大學生一想到亞里斯多德就臉色蒼白暈倒了——但是我，作為一個古怪的個人，確實想知道亞里斯多德的事，而且我認為我的形體或身體功能裡，沒有一處需要阻止我去認識他。」55

這樣的呼聲裡有一種美好的自私，頌揚「古怪的個人」。她壓根不在乎她那個階級的其他成員怎麼想。然而，這當中也有一種美好的普遍主義（universalism），一種美好的人本主義（容我斗膽使用這麼老套的詞彙）。羅馬詩人泰倫斯（Terence）寫了一首曾經廣爲人知的知名詩句：*Homo sum, humani nihil a me alienum puto*——「我是人，對我來說，沒有任何人類之事是奇異陌生的」——我認爲他說得很對。泰倫斯沒有說他能夠完全掌握關於人類的一切，也不是說種族、階級、性向或宗教之間沒有具意義的區別；他更沒有說他能夠立刻或完全地理解其他所有人。他的重點是，沒有任何人類之事對他是『奇異陌生』的（alien），意思是沒有任何人類之事超出他的理解能力之外——他至少可以理解部分。

許多年前，我花了一個夏天爲一群奈及利亞的牧師教授修辭學。這所神學院位於約魯巴蘭（Yorubaland）核心地帶的一個村莊裡，許多牧師都是約魯巴人，但有個

55 桃樂絲．榭爾斯（Dorothy L. Sayers），《女人是人嗎？》（*Are Women Human?* new ed., Eerdmans, 2005），pp. 26–27。

重要的少數民族來自該國北部的豪薩（Hausa），也有人來自東南部的伊博（Igbo）。對我來說，在他們之間生活、工作，以及和他們一起思考的經驗，很令人振奮，但也讓人暈頭轉向。有時候我覺得我們完全理解彼此，有時候又完全不懂對方。

有一天，那種隔閡感讓我感覺尤其強烈。我的一位學生（我都叫他提摩西），熱情洋溢又長篇大論地講到他最近面對的挑戰：他的會眾裡有個女人生下了一個惡魔寶寶。很顯然，提摩西是想要我評估他對這個情境所做的處理，但我無言以對。對於惡魔寶寶的誕生，身爲牧師該如何妥善應對，完全不在我的能力或知識範圍內。

那天，我走出教室時，心想自己眞的不知道怎麼彌補美國與非洲基督教之間有時極其巨大的鴻溝。我很困擾。晚餐後，隨著夜色降臨、空氣變得清涼，我散步穿過神學院建築群和村落。回程路上，我看到我的兩位學生手牽著手走過來。這是奈及利亞朋友之間很常見的行為。在我經過時，其中一個人顯然看見我的臉色，就說：「教授，別太擔心提摩西了。他本來就是很容易激動的人。」然後又補上一句：「你知道的，他是伊博人。」他的同伴聽到這句話後，微笑著回應：「提摩西那樣子不是因為他是伊博人。提摩西那個樣子，是因為他是提摩西。」那一瞬間，我領悟到自己的統合習性——「美國」對「非洲」——是多麼徹底地誤導了我。

泰倫斯的偉大詩句，值得成為任何從事思考之人的座右銘。我們的社會分類法很有用，但如果我們以為其意義不止於此、藉它進行嚴格強制的區隔，如果我們將它當成不可穿透的堅實路障、使彼此間不可能相互了解，那麼它已經無益於我們。在我看來，我們這個年代是如此熱中於各式各樣的統合，因此看不到這些危險，也看不到泰倫斯那句金言所傳達的深思熟慮，以及當中蘊含的可能性。讓這世間所有「古怪的個人」生氣蓬勃地盛開吧——包括提摩西在內。

第六章　開放和閉鎖

敞開心胸的迷思：過猶不及都是災難

偉大的經濟學家約翰．梅納德．凱因斯（John Maynard Keynes），有個經常被人轉述的知名故事：某回有人指控凱因斯對某個政策的看法搖擺不定，凱因斯口氣尖酸地回答：「先生，在事實改變的時候，我就改變我的心意。那你呢？」可惜，這故事看來不是眞的，因爲沒人能找到故事的源頭。但這個故事實在太好了，讓人捨不得不用，而且總是以同樣的方式、爲了同樣的理由而使用：爲了譴責意識形態擁護者，並讚揚開放的心胸。

「心胸開放！」——令人嚮往的狀態。「心胸狹窄！」——讓人畏懼閃躲的狀態。這種用詞對比深深嵌入我們的日常用語中，以至於幾乎無法迴避。但其實這種說法應該避免，因爲它們既沒意義又可能誤導人。

問題當然主要在於，我們其實不想永遠一視同仁地保持心胸開放，也不希望別人如此。沒人想聽到任何人說「雖然社會上普遍不認同綁架行爲，但我們應該對這個主題保持開放的心胸」這種話。也沒人希望一個爲窮人奔走辯護的人突然猶疑起來，花好幾個月時間思索扶貧究竟是不是正確的。對於某些事情——其實是許多事情！——我們都相信人類不該心胸開放，反而要堅定信念。某些議題必須有定論，我們的智性和社會才可能有進展。

卻斯特頓曾經這麼說H．G．威爾斯（H. G. Wells）——他和威爾斯幾乎對每一件事都有不同見解，兩人卻依舊關係友好——「他認爲敞開心胸的目標，就只是敞開心胸。」相對地，卻斯特頓是「無可救藥地認定敞開心胸的目標，就和張開嘴巴一樣，是爲了再度閉上，以留住某樣實在的東西。」[56]我喜歡卻斯特頓的饗客式譬喻。它告訴我們，心靈唯有在經過一番檢驗後塵埃落定的信念主宰下，才能眞正得到滋養。

當然（而且很悲哀的），問題在於我們全都有某些在應該塵埃落定時卻仍懸而未決的信念，還有另一些信念則是在還不該有定論時卻已斬釘截鐵。爲了理解這個問題並開始處理它，我們需要用亞里斯多德派那套美德與惡行的語言來思考。在這套語言中，美德是兩種對立惡行之間的中道。我們不想成爲難搞的老頑固、不想其他人變成這樣，但我們也不希望他們變成優柔寡斷、搖擺不定。洛杉磯道奇隊前任總教練湯米．拉索達（Tommy Lasorda）說過，管理球員就像用雙手握著一隻鳥：抓得太緊會捏死牠，抓得太鬆牠就插翅飛了。在思想生活中，支持一個立場也很像這樣：你應該維持一種適當的信念堅定度，介於嚴格死守和軟弱無力的兩極之間。我們不想因爲猶豫不決或漠不關心而動彈不得，但正如那則眞實性可疑的凱因斯軼事一樣，我們想要具備隨著事實改變而調整自身觀點的那種彈性與誠實。[57]

這這一切已經夠難的了，但後頭還有更複雜的：我們還必須能夠對我們的知識狀態作出可靠的評估，必要時可以暫且不採取任何立場，直到自己知道更多爲止。我們也必須接受：知識可能是類比式的，但決策通常都是數位式的——也就是說，決策是二元的。我可能有點相信而不是絕對認定某位政治候選人會比他的對手做得

---

56 《G．K．卻斯特頓自傳》(*The Autobiography of G. K. Chesterton*, 1936)第十章〈友誼與與愚行〉(Friendship and Foolery)。

57 我是從羅伯特．羅伯茲(Robert C. Roberts)與W．J．伍德(W. Jay Wood)合著的《知性美德》(*Intellectual Virtues*, Oxford University Press, 2007)一書借來堅定(firmness)、嚴格死守(rigidity)、軟弱無力(Flaccidity)這套語言。該書第七章〈堅定〉對於這類議題的探索，是我讀過的所有文獻中遠超過其他著作的第一名。

更好，但是當我進了投票亭，規定不容許我投百分之七十的票給候選人甲、百分之三十的票給候選人乙（不過，要是可以這麼做，看看會發生什麼事還滿有意思的）。

光憑這兩點，我們就能看出尼爾．德格拉．泰森想像的那個證據掛帥的理性共和國有多天眞。「所有政策都基於對實證的衡量」，這麼說當然沒問題，但有時候證據並不充分或彼此矛盾，在試圖預測今日的行動將招致什麼結果時尤其如此——而這種情況下，政策依然得定下來。在實驗室裡，你可以也應該在證據齊備、經過小心評估，並且遵循最佳的雙盲測試程序以後，才宣布你的發現，但是在人類生活的許多競技場上（政治也包括在內），這些事是不可能做到的。我們必須盡自己所能摸著石頭過河，也必須誠實面對自己在摸索著前進，不要假裝證據比實際上更有決定性。這一切正如我之前所說的：思考是很困難的事。

美德、惡行與沉沒成本

如果我們全得秉持著亞里斯多德式的中庸之道，在嚴格死守與軟弱無力這惡性的兩極之間正直高尙地掌舵前進，我們就應該投入預備練習，以辨別自己較傾向兩極中的哪一邊。我估計，我們當中大多數人會覺得嚴格死守的誘惑比較大，這有大半原因是出於我們在本書裡如此頻繁提到的那條資訊消防水帶。當你處理這些內容時，壓力朝你呼嘯而來，你本性上的衝動可能就是嚴陣以待。你不希望被動搖。你要的正是堅守你的立場，因爲一切實在太讓人暈頭轉向，充滿著壓力，就像聖保羅（St. Paul）曾生動地以一個氣態而非液態的譬喻所說的：「被一切異教之風搖動，飄來飄去。」

以這種方式建立並抱持一個立場是很自然的，或許也是不可避免的，但它可能導致錯誤。你會變得抗拒去承認事實改變了，也會變成劃地自限。你奉獻了大量時間與精力去建立你的領土，保護它免於受到攻擊。對你而言，現在改變會是承認一切都做了白工。

我已經把這個建築防禦工事的譬喻引申到極限了。想進一步延伸這個論證，我需要一個新的譬喻。經濟學家所說的沉沒成本(sunk costs)，是對於某個特定計畫無法回收的投資。而有些經濟學家指出，沉沒成本對決策具有不成比例的影響力。當人們對某個計畫投資得越多，就越不願意放棄——不論有多強烈的證據指出這個理想目標無法達成。撲克牌玩家在某盤賽局裡下了大注，就不想蓋牌認輸，即使從數學上來看，堅持到底有可能(甚至是非常可能)導致更嚴重的損失；股票市場投機者，受不了面對他們最重視的股票就要跌到谷底之事實，不肯認賠殺出，即使他們的投資價值在直線下降了。這樣的人執著於他們的沉沒成本，執著於無法挽回的過去，而不是專注於現在可用的最佳選擇。這種執著會導致一種極爲常見的反應，學者稱之爲「承諾升級」（escalation of commitment）。

但這裡有個很明顯的重點：撲克牌玩家和股票投資者要是沒學會控制他們對沉沒成本的本能性服從，他們會破產，失去所有的錢，再也不能玩撲克牌或投資股票了。相對地，一般人因爲沉沒成本而頑固到不理性、以至於實際上已經達到智性破產之後，只是蹣跚地繼續向前行，大半靠著習慣和社會結構的支持，使他不至於爲自己的錯誤付出全部代價。一個「地平說」的支持者，即使在他對「地平說」的承諾升級到最高點時，也沒有理由不能同時繼續當個很好的保險理算師（你只是不會想讓他來設計太空船的導航系統）。

一九五四年，三位社會心理學家——利昂．費斯汀格（Leon Festinger）、亨利．黎肯（Henry Riecken），以及史丹利．沙克特（Stanley Schachter）——在報紙上讀到一則關於某個新興宗教的報導。該教派的教主是一位女士，他們替她取的假名是「瑪莉安．基琦」（Marian Keech），她的眞名則是桃樂西．馬丁（Dorothy Martin）。基琦預言世界末日快到了，聲稱她從一個叫做「克萊利昂」的遙遠星球接收到當地居民的訊息，而他們告訴她，這個世界會在一九五四年十二月二十一日被大洪水毀滅。她是透過自動書寫（automatic writing）接收到這個訊息：她覺得手臂有刺痛感，而且有種衝動要寫字，但當她開始書寫，出現的字不是她自己想寫的，也不是她的筆跡。克萊利昂居民選擇用這種方式來溝通，警告我們這個世界就要面臨毀滅了。注意到這個警告並加入基琦團體的人，將會被來自克萊利昂的飛碟拯救。

費斯汀格、黎肯與沙克特假裝眞心相信基琦的訊息，以便滲透並研究這個團體。他們建立了一個假說，包含兩個層次。第一層，基琦是個招搖撞騙之徒；但更有趣的是第二層：當她的預測失敗被揭露時，她的追隨者不會拋棄她，反而會對這個大目標有更高的承諾。

不論基琦對相關的心理狀態是否心知肚明，她都用上了某些方法來操縱她的團體，確保他們忠於她和她的訊息。她盡可能讓這個團體保持祕密，而且不讓任何看起來不夠相信其訊息的人接觸他們。毀滅日越近，她對追隨者的要求就越多，比方說，在期待外星救援大隊降臨之時，信徒們被告知要丟掉所有金屬物品，某些女性甚至連調整胸罩用的鋁製扣環都拆掉了。

承諾中會出現的拯救者沒有現身，威脅中的洪水也沒有來襲，這時整個團體大為震驚。但基琦再次感覺到書寫的慾望了，而這一次，來自克萊利昂的訊息讓人覺得安心無比：「大洪水」確實發生了，但目的不在殺生，反而是來救命的：「在這地球的時間尚未開始之時，已有一股善與光的力量存在，此刻它淹沒了這個房間，而這個房間所釋放的力量，如今湧向整個地球。」他們因為信念虔誠而得到赦免，而且不只這一小批信徒，整個世界都得救了！新的訊息進一步解釋：他們現在義不容辭，必須打破他們重視隱私保密的習慣，盡其所能去跟每個人分享這個「給地球人的聖誕節訊息」（對此，除了「願老天保佑我們！」，你還能說什麼？）

隨著過去幾個月裡採取的每一個步驟，這個小團體（內部小圈圈）投注越來越多資源在來自克萊利昂的啓示上。他們拋棄了家庭、工作與社會關係。對他們來說，整個世界都變成了RCO。就如同費斯汀格、黎肯、沙克特所預測的，他們已經不可能去質疑自身決定的效力了。他們的嚴格死守變成了絕對；他們的沉沒成本之廣，令他們害怕重拾思考的工作。

費斯汀格、黎肯和沙克特記錄其經驗的《預言失準的時候》（*When Prophecy Fails*）[58]一書，是社會心理學歷史上的里程碑。然而，對於人類聚集起來讓自己陷入類似死胡同的方式，第一個重要的探究或許是查爾斯·麥凱（Charles Mackay）的《異常流行幻象與群眾瘋狂》（*Memoirs of Extraordinary Popular Delusions*

58 費斯汀格、黎肯與沙克特（Festinger, Riecken, and Schachter），《預言失準的時候》（*When Prophecy Fails: A Social and Psychological Study of a Modern Group That Predicted the Destruction of the World*, University of Minnesota Press, 1956）。

and the Madness of Crowds），第一版問世於一八四一年。麥凱以極大的報導熱忱，探究了涵蓋範圍極廣的種種幻象，有些是宗教性的，有些是政治性的，有些是經濟性的，還有些比較難清楚定義（例如十七世紀的鬱金香狂熱）。其中一個指標性範例，是所謂的「南海泡沫騙局」（South Sea Bubble）。

南海公司（South Sea Company）致力於英國在南半球的貿易，創立於一七一一年。在接下來幾年內，整個大英帝國的人不論社會地位高低、身家富裕或處於破產邊緣，全都相信買下該公司的股份就等於確保自己終生富貴。他們相信南海諸國的資源近乎無窮無盡，那些用來榨取財富的種種計畫全都萬無一失。於是這些股票價值一直上漲、上漲、上漲……直到一七二〇年，泡泡破滅了，成千上萬人毀於一旦，舉國經濟因此重挫，花了好幾年才恢復。

麥凱的書讀者群甚廣，而且極有影響力。比方說，知名的金融家伯納德・巴魯克（Bernard Baruch）在自傳裡宣稱，閱讀麥凱的書幫助他預測到一九二九年的股票市場大崩盤，事先賣掉許多他的股票。不過，這個故事有個頗具教育意義的回馬槍。

麥凱在《異常流行幻象與群眾瘋狂》後來某一版裡，加上了這個有趣的補注：

> 一直到一八四五年，在英國人民熱愛商業賭博的歷史上，「南海計畫」始終是最佳範例。本書第一版係出版於「鐵路大狂熱」（Great Railway Mania）爆發及其翌年之前不久。

一八四〇年代，鐵路公司在英國如雨後春筍般大量出現，並吸引了鉅額的金融投機活動。隨著越來越多鐵路公司倒閉，英國的政治領袖們開始對投機行爲稍事管控，結果導致崩盤（但大多數學者認爲，比起政府根本沒介入的狀況，英國實際發生的崩盤已經算輕微了）。這些管控對策在一八四五年底生效，但就在幾星期前的十月份，一位《格拉斯哥百眼巨人報》（*Glasgow Argus*）的社論主筆還信心十足地堅持，「無論如何，沒有理由害怕崩盤。」這位主筆的大名正是查爾斯．麥凱。醫生，治一下你自己吧！[59]

我們大多數人不會光爲了冒險投資一檔股票就輸到當褲子，更少人會放棄工作與家庭，只希望被好心的星際訪客救出注定完蛋的地球。但我們所有人——甚至是靠著研究人性錯誤締造職業生涯的麥凱——都很容易受到智性沉沒成本的過度影響。所以，在進一步探究這些事的時候，讓我們再次看看次艾利．賀佛爾的作品，往正常與清醒神智靠近一點。

賀佛爾特別關注的事——他在心頭琢磨思考多年的問題——是大規模社會運動的力量。在一九四〇年代，最明顯的就是德國、義大利與日本（形式很不一樣）的法西斯主義，以及在蘇聯、中國漸漸發展起來的共產主義。賀佛爾研究這些運動，以及過去其他同樣大規模的運動（當中大部分是宗教性的），而他研究得越多，就越相信這些運動在結構上是相同的。

---

59 有位名叫安德魯．奧德里茲科（Andrew Odlyzko）的數學家，曾寫下一篇文章談論這個事件：〈查爾斯．麥凱自己的異常流行幻象與鐵路狂熱〉（Charles Mackay's own extraordinary popular delusions and the Railway Mania）。這篇文章可以在奧德里茲科位於明尼蘇達大學的網頁上找到：http://www.dtc.umn.edu/~odlyzko/doc/mania04.pdf。我很樂意坦誠，我是在查詢維基百科上關於麥凱那部作品的頁面時，發現奧德里茲科的作品。

對賀佛爾來說，無論這些群眾運動可能具有多少文化與政治環境上的特定根源，但從根本上來說，它們就是一種心理現象。他將自己探究這種心理的著作題名為《狂熱份子》（直譯是「忠誠信徒」）。

從標題來看，可能會覺得賀佛爾在講的事，和瑪莉安・基琦追隨者的那種幻覺就算沒有一模一樣，也很類似了。但其實它沒那麼戲劇化，甚至比促成南海泡沫騙局的那一類事情還更缺乏戲劇性。南海泡沫騙局的參與者認為自己和一群少數菁英——「我們少數人，少數幾個幸運的人」——就要飛黃騰達，而他們的鄰居就要陷入赤貧，或是就算沒那麼糟，也頂多在既定的社會階層裡停滯不前。

但賀佛爾書名中所謂的那種「狂熱份子」，並不屬於少數人，而是屬於多數人。

「狂熱份子」努力將整個團體（諸如教會、國家，甚至是這個世界），帶進單一種敘事的掌握裡，單一個信念體系的力量中，單一位魅力領袖的權威之下。這種狂熱對內部小圈圈沒有興趣；它的運動是向外的，不是向內。它的精力來自參與更大的文化，而不是內縮。

我們或許可以說「狂熱份子」和世上其他人一樣在追求相同的目的，只是對於這些目的要用什麼手段達成，他們有既強烈又明確到不尋常的想法。這或許就是爲什麼狂熱份子不需要過祕密生活，不受制於嚴格的新聞規範。除非不友善的政府機關阻止他們這麼做，否則他們會在光天化日之下行事，在公共廣場上放送他們的理念，就像蘇聯的基督徒，或美國赤化恐懼時期的共產黨員一樣。

那麼，說他們是「狂熱的」，到底是什麼意思？他們的狂熱，在於他們以無比的決心與足智多謀，避免考慮其觀點之外的任何選擇。在對於狂熱主義的任何有用定義之中，我們或許可以將此視爲其必要成份：「無論發生什麼事，都證明了我的論點。」

也就是說，狂熱份子的信念是無法否證的，所有事物都能被併入這個體系裡。而且，狂熱份子在這個體系中的沉沒成本越高，他們就會越有決心、越想盡辦法。狂熱分子就像卡夫卡的寓言裡的祭司：「豹群闖入廟裡，把祭品罐裡的東西喝了個精光。這種事一而再、再而三地重複，到最後變成可以事先算計好的事，成爲儀式的一部分。」60

這裡很重要的是，我們必須小心，不要以偏概全。不論 # **理性國**的支持者怎麼說，我們全都有些自己熱烈支持、卻拿不出強烈證據——在公開、可掌握的意義上——來背書的信念（例如：我相信我太太真心愛我，雖然我不可能看透她的心，親眼瞧瞧是不是這樣）。相對地，就如我們已經看到的，你對某個立場的支持也有可能很鬆散，不怎麼堅定。但整體而言，在大多數議題上，我們這麼說是很公平的事：若你無法想像會有某些狀況導致你改變對某件事的看法，那麼你很可能就是沉沒成本力量的

60 可否證性（falsifiability）對於真正的科學的重要性，第一位強調此事的人是科學哲學家卡爾．波普（Karl Popper），尤其要參考他的《推測與駁斥：科學知識的成長》（*Conjectures and Refutations: The Growth of Scientific Knowledge*, Routledge, 1963）第一章。卡夫卡的寓言出自《萬里長城建造時：故事與省思》（*The Great Wall of China: Stories and Reflections*），Willa 與 Edwin Muir 英譯（Schocken, 1970），p. 165.

受害者。如果你深入思索，到底是什麼（怎樣的信念、怎樣的團體）讓你投入得這麼深，你就可以有眞正的自知之明（雖然很顯然是不完整的）。

對於我在第一章介紹過的梅根·菲爾斯－蘿普，我最佩服她的一件事是，她沒有因爲她自己的沉沒成本（相當大量），就留在一個核心價值不再得到她認同的環境裡。爲什麼她可以避免我們這麼多人落入的「承諾升級」陷阱呢？

我想主要是因爲社群媒體給了她一條脫離同溫層的路。就像我先前提過的，你可以在推特上跟人說話，但他們也會回話。每個教派、每個封閉社群，都會控制資訊流通，好讓人專注於所屬團體的訊息和任務上，不至於因爲……呃，因爲思考而分心。大多數人之所以使用社群媒體、覺得它很吸引人，是因爲他們可以作主，用自己的方式鞏固自身陣地（這裡暫且回歸我先前用過的譬喻）。他們靠著過濾掉不和諧的聲音、其他的觀點，來維持自我規範、自我控制，而所有主要社群媒體的服務範圍無遠弗屆，有成千上百萬的使用者，人們可以在控制訊息進入的同時安慰自己說，有的是不計其數的其他人，對事物的看法就和他們自己一模一樣。儘管如此，菲爾斯—蘿普仍然只因爲想要分享威斯特布路浸信派教會的訊息給通常不願傾聽的人，結果在非常不同於她的人面前暴露了她自己。[61]

---

61 社會上對於社群媒體的同溫層牆壁到底有多厚一直有許多討論，但瓦特．夸特羅喬奇（Walter Quattrociocchi）、安東尼奧．史卡拉（Antonio Scala）與凱斯．桑斯坦（Cass R. Sunstein）最近合著的文章〈臉書同溫層〉（Echo Chambers on Facebook）提出某些很強的論據，證明這個問題是真實存在且棘手的。我寫作本書時，他們的文章尚未正式發表，但這裡可以看到初稿：http://papers.ssrn.com/sol3/papers.cfm?abstract_id=2795110。

我在第二章時談過，我們極有必要去區別內部小圈圈，和那些自己有可能變成眞正成員的社群。現在是時候該回顧一下這個區別。想要知道你的人際環境對於思考來說是否健康，可以看看這個環境對來自外團體的觀念有什麼樣的態度。如果你引用某位未受認可的人物發表的言論，或是在你的瀏覽器裡打開「不對的」網站時，就有人嗤之以鼻地說：「我眞不敢相信你讀那種垃圾！」——這通常這不是好兆頭。就算你正在讀的是希特勒寫的《我的奮鬥》也一樣，因爲實際上我們有很好的理由需要讀《我的奮鬥》。

狂熱份子總是很在意心理上的純潔——既是爲了自己，也是爲了其內團體的其他成員。但就如耶穌所說的，入口的不能污穢人，出口的乃能污穢人。再者，在該讀些什麼的這個問題上，瑞士的博學之士G・C・李奇登堡（G. C. Lichtenberg）好幾世紀前就提出了明智的告誡：「一本書就像一面鏡子：如果往裡看的是一頭驢，你就不能期待往外張望的會是一位使徒。」

第七章

一個人，思考

語言與民主精神：語碼轉換的能力

二〇〇一年，大衛·佛斯特·華萊士（David Foster Wallace）發表了他筆調最爲輕快的一篇散文〈權威與美語用法〉（Authority and American Usage）。它是爲布萊安·佳納（Bryan Garner）的《現代美語用法字典》（*Dictionary of Modern American Usage*）撰寫的書評。〈權威與美語用法〉是依照《無盡的玩笑》（*Infinite Jest*）的模式寫成，後者是這篇文章發表前五年出版的超長篇小說，華萊士也因此被公認爲是他這個世代最重要的作家之一。

這篇文章很有趣，沒完沒了地離題，不但有注釋，還有注釋的注釋作爲華麗的裝飾，並同時暗中關注深刻的道德問題。也就是說，它根本不是一篇正常意義上的「書評」。結果，對於任何想要探究「思考」這件事的人來說——尤其是那些希望可以好好地思考的人——研讀這篇文章變成一種重要的練習。[62]

文章開始沒多久，華萊士就坦承自己是個SNOOT——他們家族爲一個語言宅、「語言用法迷」(usage Trekkie)，亦即對文法和語法結構有怪異執迷之人，所發明的一種愛恨交加的簡稱(SNOOT是一個首字母略稱，但他們對那些字首到底代表哪些字有歧見，這似乎是家庭笑話裡的一個重要元素)。這意味著，一本《現代美語用法字典》對他來說完全就像貓薄荷一樣。這東西對他來說魅力無邊，可以爲此發表一千種意見，而看著他慢慢吐出這些意見是很好玩的事。

---

62 這篇文章初次刊登在《哈潑雜誌》(*Harper's*)二〇〇一年四月號時，下的標題是〈現在式：民主、英語與用法戰爭〉(Tense Present: Democracy, English, and the Wars over Usage)。但《哈潑雜誌》的編輯群對華萊士的文章做了許多刪減。當華萊士把這篇文章收錄在他的文集《想想龍蝦：及其他散文》(*Consider the Lobster and Other Essays*, Little, Brown, 2006)重新出版時，他補回了被刪減的部分。在此引用的是較長的版本。

但在這篇不只是書評的書評裡，談到了某種更具普世重要性的東西，延伸到遠超過華萊士所謂「用法戰爭」的戰線之後。理解這一點的途徑，可以從他描述SNOOT的幾句話裡看到：

讓我們當中某些人覺得不舒服的是，SNOOT對於當代語言用法的態度，很類似宗教／政治保守份子面對當代文化的態度。我們有一種傳教士似的狂熱，以及一種近乎神經質的信心，相信我們的信念很重要，並結合了一種壞脾氣臭老頭覺得事事每下愈況的絕望，看著英語被理應識字的大人一再地糟蹋……我們是少數，我們是驕傲的人，基本上總覺得其他所有人都不成體統。

簡而言之，在變化形態無窮無盡的文化戰爭中，「用法戰爭」是其中的一種微型體現——所以它也是一種測試案例，測試我們如何處理歧異，尤其是對那些我們深切關心之事的歧異。布萊安・佳納的字典出版於一九九八年，而華萊士的書評一直到二〇〇一年才出現，從這裡就可以看出他有多麼深刻地涉入那些沒完沒了、縱橫交錯的文化與道德問題，以及他準備追究這些問題到什麼地步。當時有好幾家聲名顯赫的雜誌想要華萊士談那本書的文章，卻對他的草稿長度望而卻步。

在華萊士掙扎著把這篇文章寫好的過程中，曾經在一封寫給唐・德里羅（Don DeLillo）的信裡表示，「（語言）用法的議題，即使只是稍微深入一下，都會變成關於**一切**的議題。」從最神祕晦澀的哲學問題，到最世俗的日常生活慣例，都包括在內。

但對華萊士來說，這件事的核心——「語言用法戰爭」的最重大延伸，以及布萊安．佳納投入其中的方式——是政治性與修辭性的。「這本書的精神結合了嚴格與謙遜，其手法之妙，使得佳納既顯得極具規範性，卻又不似福音教派信徒或打壓別人的菁英主義者。這是一個異乎尋常的成就。」此外，「這基本上是一種修辭學上的成就，而且……同時具有歷史上的重要性，以及（就本書評家看來）政治上的救贖性。」

「政治上的救贖性」是個很強烈的措辭，但華萊士眞的就是這個意思。他認為佳納是某種「天才」，因為他找到一種方法來告訴我們：大多數人並不在乎的某些事其實是極重要的，而他（佳納）對這些事務有正確而適當的理解，所以我們全都應該遵循他的建議——而且，佳納做了這一切，卻不會聽起來像個紆尊降貴的混蛋。我們可以說：他聽起來不像個SNOOT。對華萊士而言，佳納的這種語調使得《現代美語用法字典》成爲一本令人印象深刻的書，而且，是的，更是「民主精神」(Democratic Spirit)的一種勝利。

文法警察與民主精神

華萊士用大寫字母(DS)來書寫「民主精神」。這是一種典型的自我嘲諷。他用這種小技巧來對自己的一本正經開個小玩笑，而且沒有眞的爲此覺得抱歉，更不會把話收回。他眞心相信**民主精神**。對他來說，這種精神的最佳展現，在於**有能力說服，而不是命令**。華萊士爲這篇文章題名爲〈權威與英語用法〉，是因爲任何民主秩序的根本性棘手問題，正是權威。《辛普森家庭》裡的荷馬聽到神的命令之後，回吼了一句：「你不是我老闆！」荷馬展現的那種民主精神，在形式上沒那麼令人欽佩，但他的不馴至少有個優點：乾脆俐落地具體指出問題所在。

就像所有的SNOOT，布萊安・佳納對英語的用法抱持強烈的規範性觀點。而對華萊士來說，佳納的寫作之神奇，就在於他有能力作出規定，卻不至於引發那種「你不是我老闆」的回應。華萊士認爲佳納做到了這一點，方法是「重鑄語言規範論者的人格面具：作者沒有讓自己看起來一副警察或法官的樣子，反而更像個醫生或律師」——一個有外顯專業技能的人，你可以自由選擇要聽從他，還是忽略他（雖說要是你選擇忽略，就會有個沒說出口的補充條文：「嘿，你自己找死，我可管不著。」）

如果對你而言，這一切和民主精神有什麼關係還不是很清楚，或許引用華萊士對這種精神的定義會有幫助：

> 「民主精神」是結合了嚴格與謙遜的那種精神，換言之，是熱烈的信念，

再加上細心周到地尊重其他人的信念。所有美國人都知道，這種精神很難培養與維持，尤其是談到你有強烈觀點的議題時。以「民主精神」的標準來說，智性上百分之百的誠篤（integrity）也同樣困難——你必須願意誠實看待自己，誠實檢視讓你相信那些事物的動機，並基本上一直持續這樣做。

（這大致上也是本書在談的事。我可以把這一段當成我的書前題詞）。

把民主精神的定義放在心上後，我們的說明可以通過一個重要的轉折點了，開始探究這個故事裡一個我到目前爲止尚未提到的要點：成長期間的SNOOT——身爲華萊士所謂的小SNOOT——是什麼感覺。

華萊士引用佳納的說法，「我從很早開始，十五歲那年，就發現我在學業上的主要興趣是英語的用法。」華萊士接著表示：「本人很遺憾在這段自傳性速寫裡，竟未提及身爲一個最大興趣是英語用法的青少年，要付出相當重大的社交代價。」華萊士自己身爲小SNOOT的經驗同樣慘痛——而且那種慘痛，和這篇文章裡那個更大的民主脈絡有關。「當他的同儕放逐這位小SNOOT，或用野蠻的內褲勒股溝四重奏伺候他，或是把他壓倒在地、每個人輪流吐他一口痰，」華萊士寫道。「一種嚴肅的學習活動正在進行中」——而那個小SNOOT被排除在外。「事實上，這個小SNOOT之所以被懲罰，正是因爲他的學習失敗了。」

他學習失敗的是什麼？在社交的世界裡（尤其是在一個民主社會裡）遊走，要有語碼轉換（code-switching）的能力。

這個拿了A+的小SNOOT，實際上和班上那個學不會停止使用ain't或bringed[63]的「遲鈍」孩子，處於相同的「行話」地位（dialectal position）——完全一模一樣的地位。一個是在課堂上被懲罰，另一個則是在遊戲場上被懲罰，但兩者都在同樣的語言學技巧上力有未逮——也就是在不同用語和「正確」程度之間遊走的能力：用一種方式跟同儕溝通，用另一種方式跟老師溝通，再用第三種方式跟家人溝通，然後用第四種方式跟樂樂棒球教練溝通等。

---

63 譯注：ain't是不正確的be動詞否定式，意思等於am/are/is not。bringed是寫錯的bring過去式（正確寫法是brought）。

而且——華萊士從沒有明說，但是它在整篇文章裡不言而明，而且對於他想傳達的意思，以及在衝動的驅策下使一篇簡單書評闖入一片不曾有人查踏的領域，絕對有其根本重要性——這種失敗從本質上來說，是一種倫理學上的失敗。它敗在不承認其他「行話」、其他脈絡、其他人也有需要被尊重的價值——而且我很想再加上，尤其是當你想要那些人尊重你的「行話」、脈絡、朋友和親人的時候。但眞正重要的或許是，這種語碼轉換上的無能對社會組織所造成的損害。它會撕裂我們的社會組織。

克制是必要的

華萊士這篇文章的許多離題漫談中，最驚人的是他什麼不好談，偏偏就要談墮胎。爲什麼？因爲美國的墮胎辯論，擺明了而且很普遍地難以持續信守民主精神。華萊士說，當這個話題出現時，某些人所說的話會直接挑戰他對於「克制」的信念：

那種時刻，「代表了我個人的『民主精神』眞正表現在外、必須咬緊牙關的極限」。對每個人來說，都有某些事會壓迫到我們的克制力「眞正表現在外、必須咬緊牙關的極限」。而今天，我們有時候不禁會覺得有越來越多人，針對範圍日漸擴大的種種議題，越來越常衝撞這些極限。這一點茲事體大，因爲當我們的克制力不支，社會組織就被撕裂了。

華萊士指出——他並且進一步說明，自己是在身爲一個小SNOOT的成長過程中，經歷千辛萬苦才學到的——加強這種必要克制力的關鍵是，你必須願意轉換語碼。你必須願意探問別人的「行話」，甚至當那是一種道德「行話」的時候，尤其必須如此。你必須冒險接觸那種「不純潔」。華萊士訴諸的那種克制，說穿了其實就是：當你和我們的老朋友RCO近距離接觸時，要壓抑你的嘔吐反射。

但你爲什麼該這麼做？簡單來說：因爲這樣對你很好，對社會也很好。它讓你成爲一個比較寬大也比較好的人，也有助於縫合那片被撕扯磨損的社會組織。

所以爲什麼你不願意這麼做？要回答這個問題，我們只需要回想我一開始講的那個故事：梅根．菲爾斯─蘿普的故事。學習你對手的道德「行話」，潛在的代價是如此高昂。首先，你把他們人性化，於是他們變得不再是RCO了，而只是……人類。記得那句話：「我是人，對我來說，沒有任何人類之事是奇異陌生的。」人類，就像你一樣，他們只是剛好因爲環境或性情使然，作出和你不一樣的結論。這不表示他們的觀點是正確的，也不表示他們可能和你一樣正確。你不需要承認任何這樣的看法。然而，在他們有錯的時候，他們犯錯的方式就跟你剛好犯錯時一樣（這種事肯定會發生）。

一旦你的RCO變得沒那麼O（他者）了，某種程度上來說也就沒那麼R（令人反感）了，你或許會開始了解到，只要命運之輪稍微轉個不同的方向，你也可能會處於那個位置。你突然間想像起你自己（雖然一開始想法很模糊），成爲跟現在的你不同的某人——用哲學家的話來說就是，有一組不同的「可信性結構」（plausibility structures）的某人。而一旦你在想像中將自己置於另一個心靈的架構中，你自己的觀點似乎就變得……不那麼必然了。

這是很震撼人心的事。就因爲這樣，菲爾斯－蘿普開始把自己跟那些讓她不得安寧的人切割開來。這種不穩定讓你不禁納悶，你的內團體是在幫助你更接近事物的眞理，還是在阻撓你看見那個眞理。要長期和這種不穩定共存，幾乎是不可能的事。如果你天天都得評估你的社交世界是否有助於傳達眞相，你就不可能這樣好好地過日子。就像一顆開花植物，如果主人每天早上把它連根挖起、確認它的生長狀況，它是不可能好好生長、開花的。[64]

這就是爲什麼華萊士說「你必須願意誠實看待自己、檢視讓你相信那些事物的動機，並基本上一直持續這樣做」，是不正確的。其實你不能這樣做，而我相信他也發現了。他永無止盡的自我檢查，導致他無盡的悲慘處境，而且在很大程度上造成他英年早逝。我們最好還是遵循W．H．奧登（W. H. Auden）明確傳達的這項原則：「這些規則既適用於自我檢驗，也適用於祕密懺悔：簡短，直白，說完就煙消雲散。」[65]

我們不該期待自己作得到道德英雄主義。這樣的期待不會有成果，長期而言還會有深刻的傷害。不過，我們可以期待，**對自己的動機培養出一種更普遍的懷疑**

主義傾向，對別人的動機則寬容以待，而且——如果這個論點講得還不夠清楚——這種傾向是帶領我們到達「學習思考」這一扇閃亮亮大門的康莊大道。

---

64 我是從法蘭西斯·史普佛德（Francis Spufford）那裡偷來這個譬喻。他把這個譬喻用在他的《非辯護書：為何儘管世事如此，基督教還是有驚人的情感性意義》（*Unapologetic: Why, Despite Everything, Christianity Can Still Make Surprising Emotional Sense,* Harper One, 2013）裡，描述一直在評估個人的性靈狀態是多麼不明智的作法。

65 奧登（Auden），《染工的手》（*The Dyer's Hand, Random House,* 1962），p. 99.

結語　思考的樂趣與危險

學會真正的思考，就不害怕「改變想法」

首先，談談危險。我無法保證當你改變想法後，不會因此失去某一些朋友──這一點我得先說清楚，因爲如果你學會思考，**真正的思考**，有時候你就是會改變想法。我這麼說是很輕鬆，「喔，如果你因爲改變想法而失去任何朋友，那些人從一開始就不是你眞正的朋友」，但這是很輕率的評論。當你因爲不再相信其他所有人相信的某件事，突然被完全孤立於你的整個社交圈外，暗自埋怨「這些人本來就不是眞的朋友」並不會讓你比較不孤單。你甚至可能會開始認爲，不眞誠的朋友總比完全沒朋友來得好。

不過，你的命運或許不會這麼苦──甚至可能不必訴諸誤導性的沉默或是說謊僞裝，就能讓你的社交網絡多少仍保有一些功能。這當中的關鍵是，你應該避免展現改宗者極常見的典型特徵：狂熱。如果你可以強調那些自己和朋友們仍然共享的信念與承諾（一定還有很多），同時將你對於一個（或一組）議題的心態轉變，表現得像是你有些不情願、也不爲此覺得開心的一種體悟，那你應該就能讓他們相信你仍抱持著善意。

至少，只要別把你的老朋友們想成愚蠢的輸家就好（記住：不久之前，你的想法還跟現在的他們一模一樣）。但話說回來，就算你對他們仁慈又自制，他們也有可能不會對你太仁慈——我要是不承認這一點，就是在欺騙人了。這本書的大半篇幅，都在探索那些抑制思考的力量，以及它們激發的情感反應有多強大，這裡我就不再回頭談這件事了。在本書的結尾，我只想強調：如果你把這當成提供你一套思考技巧的書，你是不會從中獲益的。你必須是**某一種類型的人**——這種人，至少在某些時刻，更在乎努力接近眞理，而不是爲自己的社會地位汲汲營營——本書才會對你有用。

努力接近眞理，是我們人生中最偉大的冒險之一。而說到這件事，很難不聽起來像維多利亞時代的那些智者——「人應向他的侷限之外探求／否則爲何要有天國？」或是，「去奮鬥，去追尋，去發現，而且不屈服。」——但他們指出的方向是對的，至少在這件事上是如此。[66]他們的時代跟我們的一樣，人們無可避免地意識到那些傳統必然之事上頭出現了裂痕，儘管——這是理所當然的——他們繼承的必然之事相當不同於我們所繼承的。探索所帶來的興奮，是令人激動、讓人滿足的東西，但不盡然像陳腔濫調所說的，「重要的是旅程，不是目的地」。你把這句話講給一整天跟三個毛躁小鬼擠在休旅車裡的父母聽聽看。

不，我們不該依據「旅途」、「目的地」的譬喻過活。思考沒有目的地，沒有終點，沒有「喔，我們終於到了」這種事。停止思考，就如同湯瑪斯．阿奎納（Thomas Aquinas）所說的，若不是出於「我再也無法前進了」的絕望，就是出於「我不需要再前進了」的傲慢。[67]對於思考的人生來說，需要的就是希望：希望知道更多，了解更多，超越現在的我們。我認爲我們在這本書的推展過程中，已經看到有勇氣、決心下苦功思考的人會有什麼樣的益處。我們有好理由保持希望。

66 第一句出自羅伯．布朗寧（Robert Browning, 1812-1889）的詩作〈安德烈亞．德爾．薩托〉（Andrea del Sarto）。第二句出自阿佛瑞．丁尼生（Alfred Tennyson, 1809-1892）的詩作〈尤利西斯〉（Ulysses）。

67 參見約瑟夫．皮柏（Josef Pieper）書名很美的小書《論希望》（*On Hope*, Ignatius Press, 1986 [1977]）裡對於阿奎納的論證所作的解說。

後記　思考者的檢查表

為了不落入陷阱，成為真正願意去思考的人

在電視影集名作《絕命毒師》(Breaking Bad)第一季裡，我們的主角華特・懷特(Walter White)發現自己面對一個很詭異的局面：他把一個暴力罪犯——遊走江湖的渾名是「瘋狂小八」(Krazy-8)，這應該大致透露了他是個什麼樣的人物——銬在他家地下室的一根柱子上。華特陷入了兩難：殺掉瘋狂小八，還是放他自由？華特很苦惱，最後拿來一本黃色拍紙簿，開始列兩欄式清單。在寫著「放了他」的這一欄下面，華特寫了好幾個理由，例如「謀殺是不對的」等等，但是在「殺了他」這一欄下面，只有一條：「如果你放他走，他會殺你全家。」

對華特來說，列表是澄清思路很好用的工具，我們全都應該效法他——呃，只有在列表這件事上。阿圖・葛文德(Atul Gawande)的精彩著作《檢查表：不犯錯的祕密武器》(*The Checklist Manifesto*)，說明了這種特殊表單如何幫助那些有心理負擔的人（飛機駕駛、投資大戶、外科醫師）降低認知負荷的力量。[68]

這樣的人，想一直作出正確決策，就必須隨時追蹤多到超過他們能實際一一處理的事項，所以才會有檢查表這東西：你事先知道自己需要做什麼，不用再費力把它們全記起來，只要把這些項目列成一張檢查表，就可以去處理其他需要你關注的事。

葛文德是個外科醫師。雖然他成爲開刀房檢查表的強力支持者，但其實他不認爲自己眞的需要這些表單——後來，在他使用檢查表的第一個星期，當他和他的團隊忘了重要步驟三次，就是檢查表救了他們。人們只有在被經驗逼出「知的謙遜」（體

68 阿圖．葛文德（Atul Gawande），《檢查表：不犯錯的祕密武器》（The Checklist Manifesto, Picador, 2011，中譯本：天下文化，2011年）

認到個人的不足）之後，才會自己製作這樣的檢查表。驕傲的人不會想用這種東西。不過，他們一旦被迫使用了檢查表，會得到一劑這樣的謙遜，因爲他們別無選擇，只能承認他們忘了需要記得的事。

所以，當我提供一張「好的思考」檢查表時——我現在正要這麼做——不表示我在打自己臉，違背我在結語的最末所提出的主張：「如何思考得更好」並非技術問題，你需要變成某種人才能做到。願意製作並使用這種檢查表，就是你屬於「那種人」的一個標記。這不是萬無一失的方法。就算你有在用檢查表，你也可能用得漫不經心。但如果你拿下面的檢查表來改編成適合你個人情境的版本，刪減對你來說沒有用的部分，加上符合你自己狀況的提醒，它對你將會有所幫助。

一、面對挑釁要你回應別人說過的話，先等個五分鐘再說。散個步，或是替花園除草、去廚房切個菜等等。讓你的身體涉入。你的身體知道生活的節奏，而當你的心靈落入你身體的節奏，你會有比較好的思考機會。

二、透過辯論作價值學習。不要「爲求勝而說話」。

三、盡你所能，在上線或下線時，都避開煽風點火的人。

四、請記得，你不必靠著回應別人都在回應的事，來彰顯你具有美德或你心智正常。

五、如果你真的必須回應別人都在回應的事，來彰顯你具有美德或心智正常，否則就會失去你在你社群裡的地位，這時你應該領悟到：那裡不是個社群，反而是個內部小圈圈。

六、盡你所能，並且以你做得到的每一種方式，朝那些看似重視真正的社群、也可以平靜處理歧異的人靠攏。

七、找出那些意見與你相左，但最好、最公正的人。觀察他們都說些什麼。在一段期間內，不作回應。不管他們說什麼，都好好想一想。

八、要有耐性，並盡你所能的誠實評估引起你反感的事。

九、有時候，「作嘔元素」很能說明問題所在。有時候，它只是聲東擊西，讓人不去注意真正重要的事。

十、提防那些做了太多「認知舉重工作」的譬喻和神話。注意你的「詞彙濾網」將你的注意力往哪裡引導——以及將你的注意力從哪裡引開。仔細找出隱藏的譬喻，提防神話的力量。

十一、試著用別人使用的語言來描述他們的立場，不要放任自己使用「換句話說」。

十二、要勇敢。

致謝

首先我想感謝我的經紀人克里斯蒂・佛萊徹（Christy Fletcher），在我第一次向她提出這個寫作構想的時候，她相信這個計畫的可行性，並幫助我把它塑造得更清晰、更合情合理。我也很感激Currency出版社的熱情支持，尤其要感謝大衛・卡普（David Kopp）和德瑞克・里德（Derek Reed）敏銳又細心的編輯工作。我把此書第一稿寄給我的朋友亞當・羅伯茲（Adam Roberts）和法蘭西斯・史普佛德（Francis Spufford）——兩位都是比我更好的作家——而他們都以溫暖的心與批判的頭腦來回應我。我欠他們一筆。此外，在整個寫作過程中，我的妻子泰莉（Teri）、兒子衛斯理（Wesley）一如既往地提供了愛與支持。

我在這本書裡所說的許多事，來自我多年來的教學，而當我思考有關思考的事時，對我來說第一個也是最主要的脈絡，永遠都是大學的課堂。這就是爲什麼我把這本書獻給我的過去、現在與未來在貝勒大學榮譽學院（Honors College of Baylor University）的學生和同僚。

冷思考
社群時代狂潮下，我們如何在衝突中活出自己，與他者共存
How to Think: A Survival Guide for a World at Odds

作　　者　亞倫・傑考布斯 Alan Jacobs
譯　　者　吳妍儀
封面設計　賴柏燁
內文排版　高巧怡
行銷企畫　林芳如
行銷統籌　駱漢琦
業務發行　邱紹溢
業務統籌　郭其彬
責任編輯　林淑雅
副總編輯　何維民
總 編 輯　李亞南

發 行 人　蘇拾平
出　　版　漫遊者文化事業股份有限公司
地　　址　台北市 105 松山區復興北路 331 號 4 樓
電　　話　（02）2715-2022
傳　　真　（02）2715-2021
讀者服務信箱　service@azothbooks.com
漫遊者臉書　www.facebook.com/azothbooks.read
發行或營運統籌：大雁文化事業股份有限公司
地　　址　台北市 105 松山區復興北路 333 號 11 樓之 4
劃撥帳號　50022001
戶　　名　漫遊者文化事業股份有限公司

初版首刷　2018 年 5 月
定　　價　台幣 310 元
ISBN　978-986-489-261-7
版權所有・翻印必究（Printed in Taiwan）
本書如有缺頁、破損、裝訂錯誤，請寄回本公司更換。

How to Think: A Survival Guide for a World at Odds
Copyright © 2017 by Alan Jacobs
Published in the United States by Currency, an imprint of the
Crown Publishing Group, a division of Penguin Random House LLC,
New York.This edition arranged with C. Fletcher & Company, LLC.
Through Andrew Nurnberg Associates International Limited
Complex Chinese translation copyright © 2018 by Azoth Books Co., Ltd.
ALL RIGHTS RESERVED.

國家圖書館出版品預行編目 (CIP) 資料

冷思考：社群時代狂潮下，我們如何在衝突中活出自己，與他者共存 / 亞倫．傑考布斯 (Alan Jacobs) 著；吳妍儀譯．-- 初版．-- 臺北市：漫遊者文化出版：大雁文化發行，2018.05

272 面；13x21 公分 譯自：How to think : a survival guide for a world at odds

ISBN 978-986-489-261-7(平裝)

1. 生活指導 2. 思考

177.2　　107005201